国家级科技企业孵化器创新能力评价报告

2020

科学技术部火炬高技术产业开发中心◎编

科学技术文献出版社
SCIENTIFIC AND TECHNICAL DOCUMENTATION PRESS
·北京·

图书在版编目（CIP）数据

国家级科技企业孵化器创新能力评价报告. 2020 / 科学技术部火炬高技术产业开发中心编. —北京：科学技术文献出版社，2021. 10
ISBN 978-7-5189-8444-2

Ⅰ. ①国… Ⅱ. ①科… Ⅲ. ①高技术产业—企业孵化器—企业创新—研究报告—中国—2020 Ⅳ. ① F279.244.4

中国版本图书馆 CIP 数据核字（2021）第 195897 号

国家级科技企业孵化器创新能力评价报告2020

策划编辑：丁芳宇　　责任编辑：赵　斌　　责任校对：文　浩　　责任出版：张志平

出 版 者　科学技术文献出版社
地　　址　北京市复兴路15号　邮编 100038
编 务 部　(010) 58882938，58882087（传真）
发 行 部　(010) 58882868，58882870（传真）
邮 购 部　(010) 58882873
官方网址　www.stdp.com.cn
发 行 者　科学技术文献出版社发行　全国各地新华书店经销
印 刷 者　北京时尚印佳彩色印刷有限公司
版　　次　2021 年 10 月第 1 版　2021 年 10 月第 1 次印刷
开　　本　889 × 1194　1/16
字　　数　223千
印　　张　11
书　　号　ISBN 978-7-5189-8444-2
定　　价　88.00元

编写组

主　　编：贾敬敦　张卫星

副 主 编：孙启新　李　享　陈　晴　颜振军

编写组成员：刘　祯　徐示波　于　乔　谷潇磊
张　琳　张艳秋　王胤杰　李文奇
刘　杨　高海洋　孙超奇　荣　达
葛　畅　李　静　孟珊珊　吴欣彦
余　诚　张　元

前　言

科技企业孵化器是以促进科技成果转化、培育科技企业和企业家精神为宗旨，提供物理空间、共享设施和专业化服务的科技创业服务机构，是国家创新体系的重要组成部分、创新创业人才的培养基地、大众创新创业的支撑平台。自1987年我国第一家科技企业孵化器在湖北武汉成立，经过30多年发展，科技企业孵化器已经成为培育科技型中小企业、促进科技成果转化、培育企业家精神的重要载体，为促进经济社会发展发挥了重要作用。

1996年1月，国家科委颁布了《国家高新技术创业服务中心认定暂行办法》(国科发火字〔1996〕042号)，首次对国家创业中心的各项条件作了具体规定。1997年10月13日，国家科委认定首批10家国家高新技术创业服务中心(2006年改为国家级科技企业孵化器)。

近年来，科技企业孵化器规模增长迅猛，截至2019年年底，全国科技企业孵化器(简称"孵化器")达到5206家，国家级孵化器为1177家，占比22.61%。国家级孵化器以1/5的数量占比，贡献了半数左右的孵化成果，成为引领我国科技企业孵化器向更高水平迈进的标杆。2019年，国家级孵化器在孵企业数量达9.6万家，占全部在孵企业的41%；累计毕业企业数量近10万家，占比62%；在孵企业拥有有效知识产权达33.74万项，占比60%。2019年，单位孵化器综合服务收入达到493.14万元，非国家级孵化器为173.25万元；单位国家级孵化器吸纳应届大学生就业达到124.09人，非国家级孵化器为29.42人；单位孵化器开展创新创业活动场次达到31.15场，非国家级孵化器为16.98场。由此可见，国家级孵化器创新能力突出，在落实国家创新驱动发展战略、构建完善的创业服务体系、培育经济发展新动能、促进实体经济转型升级等方面成效显著。

创新创业服务能力是国家级孵化器支撑创新型国家建设的核心动力，为推动科技企业孵化器高质量发展，完善孵化服务体系，提高孵化服务水平，发挥孵化器在加速科研成果转化、加快培育新动能、促进地方经济转型升级、推动科技和经济融通发展中的作用。自2014年起，火炬中心连续开展国家级孵化器考核评价工作，在充分发挥优秀国家级孵化器示范带头作用、提高孵化器服务水平方面取得了良好的工作效果，实现了国家级孵化器的优胜劣汰，保障了我国科技企业孵化器行业的健康发展。

2019 年，科技部火炬中心根据《科技企业孵化器管理办法》（国科发区〔2018〕300 号）和《科技企业孵化器评价指标体系》（国科火字〔2019〕239 号）相关要求，对全国 1173 家[①]国家级孵化器进行评价。通过网上填报、统计计算、专家打分等严格程序，235 家国家级孵化器被评为优秀（A 类），474 家国家级孵化器被评为良好（B 类），428 家国家级孵化器被评为合格（C 类），36 家国家级孵化器被评为不合格（D 类）。

在当前新的发展格局下，我国经济已由高速增长阶段转向高质量发展阶段，追求和推动高质量发展成为今后一段时期我国经济发展的根本要求，未来，我国科技企业孵化器的发展应在适度扩大整体规模的基础上，着力完善创业孵化生态、增强服务能力、拓展服务领域、提升服务质量、提高孵化效率，强化孵化器在人才集聚、产业培育、研发支撑和市场开拓等方面的组织功能，使其更好地成为科技创新创业的主阵地、创新模式的试验田、创业文化的引领者、新经济的动力源，走出一条专业化、产业化、生态化、国际化、可持续的创新创业孵化之路。

《国家级科技企业孵化器创新能力评价报告》将持续跟踪、监测和评价国家级孵化器创新能力的变化，为国家级孵化器创新驱动发展和高质量发展提供更有效的决策支撑，为创新型国家建设和“两个一百年”奋斗目标的实现做出更大的贡献。

本报告分为 6 章。

第 1 章重点分析国家级孵化器整体发展情况。从国家级孵化器供给能力、创造就业、激发创新创业活力、可持续发展、锻造企业创新能力等 5 个方面综合展示国家级孵化器发展情况。

第 2 章重点分析国家级孵化器服务能力。从孵化器孵化基金总额、创业导师数量、孵化器签约中介服务机构等关键指标，进行国家级孵化器服务能力分析。

第 3 章重点分析国家级孵化器孵化绩效。从孵化器在孵企业总收入、获得投融资的在孵企业数量、新增毕业企业数量、在孵企业研发总投入等 8 个指标，进行国家级孵化器孵化绩效分析。

第 4 章重点分析国家级孵化器可持续发展。从孵化器总收入、综合服务收入、投资收入、专业培训人数等关键指标，进行国家级孵化器可持续发展分析。

第 5 章重点分析国家级孵化器创新能力。以省份维度展示 2015—2019 年各等级孵化器数量及变化情况，并对 2019 年国家级综合孵化器和专业孵化器进行情况说明。

第 6 章重点分析 A 类国家级孵化器典型案例。从全国 235 家 A 类国家级孵化器中，根据创办孵化器主体性质的不同选出具有代表性的 11 家作为典型案例进行分析，希望在“大众创业、万众创新”的浪潮下，为各类企业提供借鉴，推动创新创业高质量发展。

本报告的编制得到了首都科技发展战略研究院的大力支持。

---

① 当年 4 家国家级孵化器未参加考核评价。

目　录

第1章

国家级孵化器整体发展情况

一、不断增强孵化供给能力，支撑双创事业健康发展

2015—2019 年，全国孵化器数量稳步上涨，从 2015 年的 2533 家上升至 2019 年的 5206 家，2019 年孵化器数量是 2015 年的两倍有余。分类来看，截至 2019 年年底，国家级孵化器 1177 家，占比为 22.61%，非国家级孵化器 4029 家，占比 77.39%（表 1-1、图 1-1）。

表 1-1　全国孵化器数量[①]（2015—2019 年）

年份	数量 / 家	国家级孵化器		非国家级孵化器	
		数量 / 家	占比	数量 / 家	占比
2015	2533	733	28.94%	1800	71.06%
2016	3255	863	26.51%	2392	73.49%
2017	4069	988	24.28%	3081	75.72%
2018	4849	980	20.21%	3869	79.79%
2019	5206	1177	22.61%	4029	77.39%

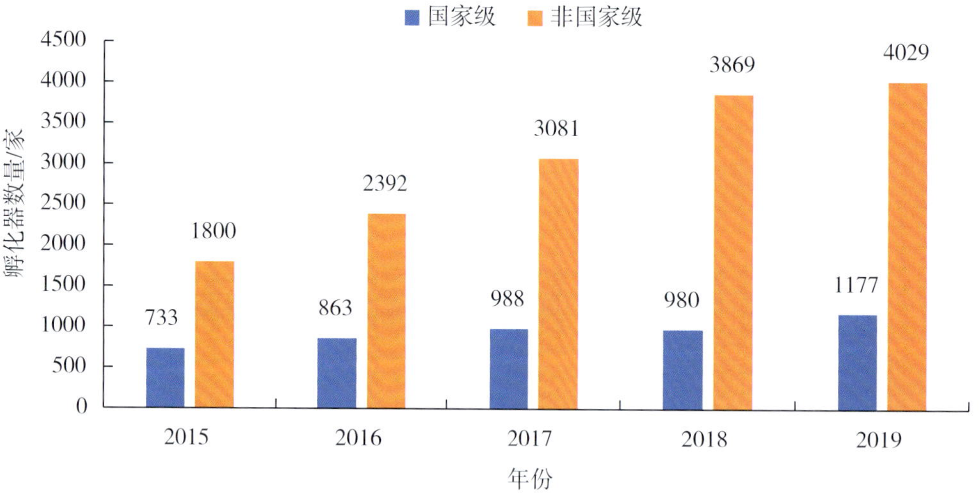

图 1-1　全国孵化器数量（2015—2019 年）

2019 年，国家级孵化器在孵企业数量达到 9.6 万家，占全部在孵企业的 41%，累计毕业企业数量近 10 万家，占比 62%。

2015—2019 年，孵化器综合服务收入保持在 100 亿元以上水平。2019 年，孵化器综合服务收

① 截至 2015 年年底，国家级孵化器实际数量为 736 家，系统统计数量为 733 家。

入共计127.84亿元，其中国家级孵化器综合服务收入为58.04亿元，非国家级孵化器综合服务收入为69.80亿元（表1-2）。

表1-2　孵化器综合服务收入（2015—2019年）

单位：万元

年份	孵化器综合服务收入	国家级		非国家级	
		孵化器综合服务收入	单位孵化器综合服务收入	孵化器综合服务收入	单位孵化器综合服务收入
2015	1 116 776.52	407 483.85	555.91	709 292.66	394.05
2016	1 167 525.97	441 730.27	511.85	725 795.71	303.43
2017	1 411 459.94	552 853.16	559.57	858 606.78	278.68
2018	1 306 132.60	506 368.78	516.70	799 763.82	206.71
2019	1 278 438.86	580 426.19	493.14	698 012.67	173.25

从单位孵化器综合服务收入来看，国家级孵化器具有显著优势。2015—2019年，单位国家级孵化器综合服务收入均在490万元以上，单位非国家级孵化器综合服务收入均在400万元以下（图1-2）。

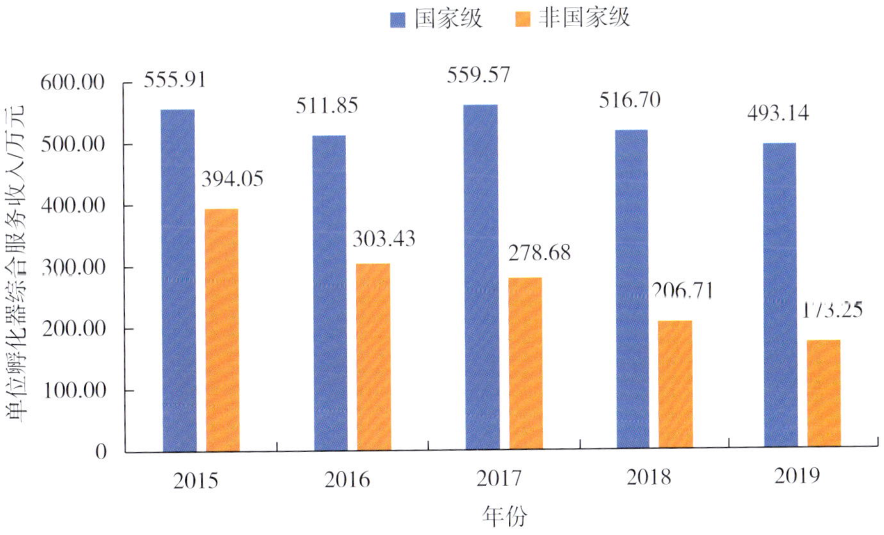

图1-2　单位孵化器综合服务收入（2015—2019年）

二、广泛聚集社会各类人才，科技创业带动高质就业

2015—2019年，孵化器管理机构从业人员稳步增长，2019年达到73 432人，其中国家级孵化器管理机构从业人员数量为23 071人，非国家级孵化器管理机构从业人员数量为50 361人（表1-3）。

表1-3 孵化器管理机构从业人员（2015—2019年）

单位：人

年份	管理机构从业人员	国家级		非国家级	
		管理机构从业人员	单位孵化器管理机构从业人员	管理机构从业人员	单位孵化器管理机构从业人员
2015	42 121	14 617	19.94	27 504	15.28
2016	53 870	16 869	19.55	37 001	15.47
2017	63 205	19 674	19.91	43 531	14.13
2018	72 955	20 952	21.38	52 003	13.44
2019	73 432	23 071	19.60	50 361	12.50

从单位孵化器管理机构从业人员数量来看，2015—2019年单位国家级孵化器管理机构从业人员数量均在19人以上（图1-3）。

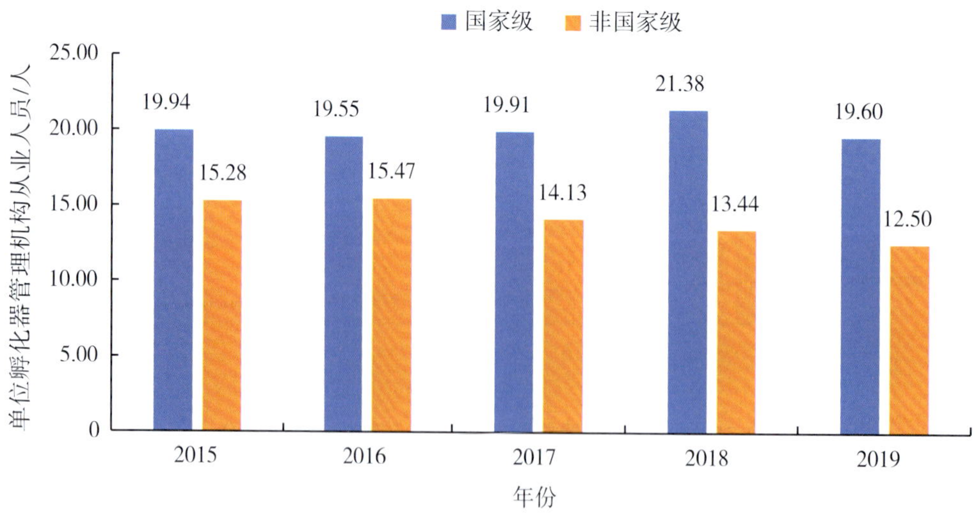

图1-3 单位孵化器管理机构从业人员（2015—2019年）

2015—2019年，孵化器吸纳应届大学生数量整体增长显著，2019年数量达到264 610人。其中，国家级孵化器吸纳应届大学生数量为146 058人，非国家级孵化器吸纳应届大学生数量为118 552人（表1-4）。

表1-4　孵化器吸纳应届大学生数量（2015—2019年）

单位：人

年份	吸纳应届大学生数量	国家级		非国家级	
		吸纳应届大学生数量	单位孵化器吸纳应届大学生数量	吸纳应届大学生数量	单位孵化器吸纳应届大学生数量
2015	170 462	106 204	144.89	64 258	35.70
2016	211 076	119 580	138.56	91 496	38.25
2017	273 495	144 142	145.89	129 353	41.98
2018	280 012	139 350	142.19	140 662	36.36
2019	264 610	146 058	124.09	118 552	29.42

2015—2019年，单位国家级孵化器吸纳应届大学生数量均在120人以上（图1-4）。国家级孵化器在广泛聚集高等人力资源、吸纳应届大学毕业生、为社会创造高质量就业方面能力较为突出。

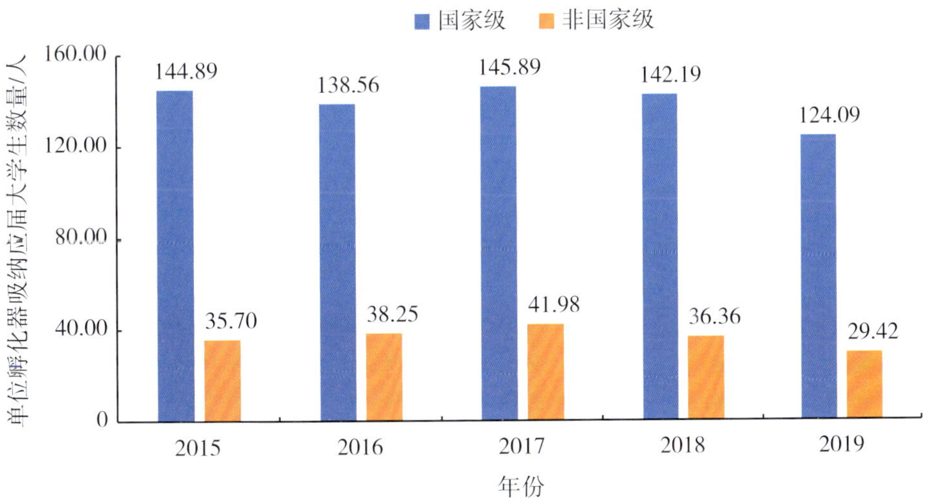

图1-4　单位孵化器吸纳应届大学生数量（2015—2019年）

三、持续激发创新创业活力，促进创业文化有效传播

2015—2019 年，孵化器对在孵企业培训人次逐年攀升，2019 年达到 440.36 万人次，其中国家级孵化器对在孵企业培训人次为 192.27 万人次，非国家级孵化器对在孵企业培训人次达到 248.08 万人次（表 1-5）。

表 1-5　孵化器对在孵企业培训人次（2015—2019 年）

单位：人次

年份	对在孵企业培训人次	国家级		非国家级	
		对在孵企业培训人次	单位孵化器对在孵企业培训人次	对在孵企业培训人次	单位孵化器对在孵企业培训人次
2015	1 674 553	753 644	1028.16	920 909	511.62
2016	2 326 990	1 052 904	1220.05	1 274 086	532.64
2017	3 366 361	1 409 709	1426.83	1 956 652	635.07
2018	4 130 694	1 566 467	1598.44	2 564 227	662.76
2019	4 403 582	1 922 738	1633.59	2 480 844	615.75

从单位孵化器对在孵企业培训人次来看，2015—2019 年，单位国家级孵化器对在孵企业培训人次均在 1000 人次以上，并呈逐年递增趋势，2019 年达到 1633.59 人次（图 1-5）。

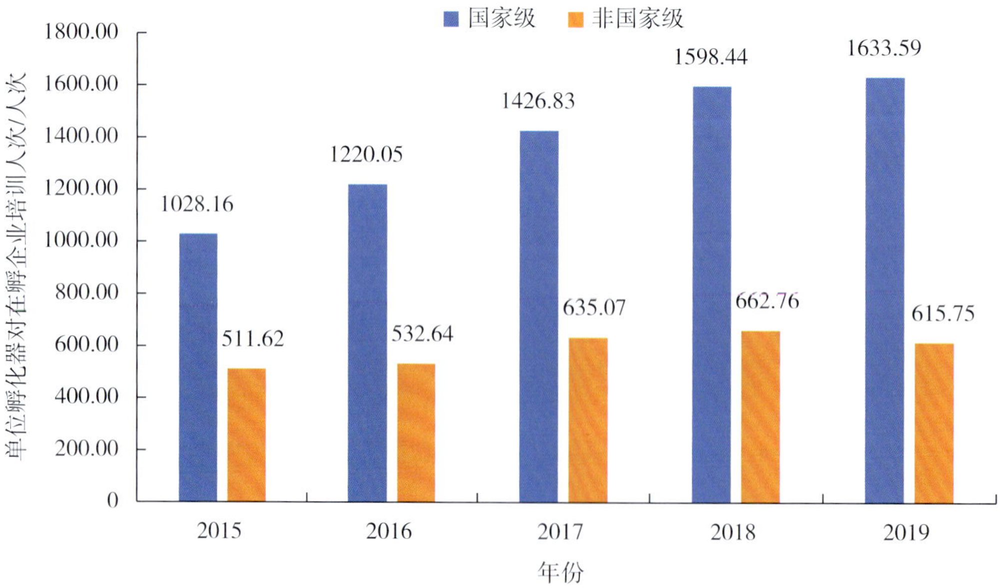

图 1-5　单位孵化器对在孵企业培训人次（2015—2019 年）

2015—2019年，孵化器开展创新创业活动愈加活跃，2019年达到10.51万次。其中，国家级孵化器开展创新创业活动场次达到3.67万次，非国家级孵化器开展创新创业活动场次达到6.84万次（表1-6）。

表1-6　孵化器开展创新创业活动场次（2015—2019年）

单位：次

年份	开展创新创业活动场次	国家级		非国家级	
		开展创新创业活动场次	单位孵化器开展创新创业活动场次	开展创新创业活动场次	单位孵化器开展创新创业活动场次
2015	43 806	19 470	26.56	24 336	13.52
2016	67 335	26 130	30.28	41 205	17.23
2017	104 179	29 836	30.20	74 343	24.13
2018	87 682	28 094	28.67	59 588	15.40
2019	105 070	36 659	31.15	68 411	16.98

从单位孵化器开展创新创业活动场次情况来看，国家级孵化器在激发创新创业活动、促进创业文化传播方面发挥了更大作用。2015—2019年单位国家级孵化器开展创新创业活动场次均在25次以上（图1-6）。

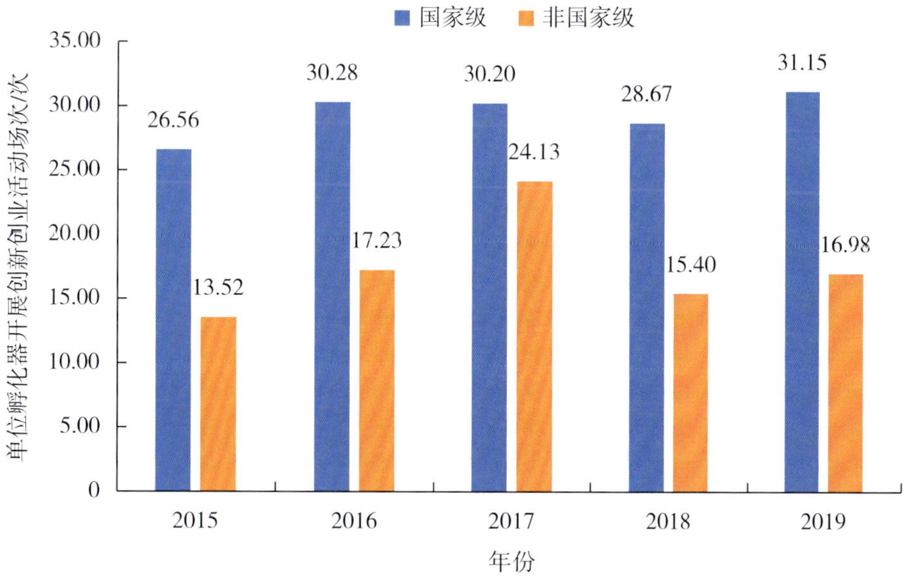

图1-6　单位孵化器开展创新创业活动场次（2015—2019年）

四、有效创造多元收入结构，实现自身的可持续发展

2019 年，全国孵化器纳税总额达 39.07 亿元，其中国家级孵化器纳税额为 16.95 亿元，非国家级孵化器纳税额为 22.12 亿元（表 1–7）。

表 1–7　孵化器纳税额（2015—2019 年）

单位：万元

年份	纳税额	国家级		非国家级	
		纳税额	单位孵化器纳税额	纳税额	单位孵化器纳税额
2015	341 708.53	119 777.22	163.41	221 931.30	123.30
2016	237 853.14	111 074.20	128.71	126 778.94	53.00
2017	263 500.55	128 565.84	130.13	134 934.71	43.80
2018	372 115.22	146 049.63	149.03	226 065.59	58.43
2019	390 737.62	169 487.72	144.00	221 249.90	54.91

从单位孵化器纳税额来看，2015—2019 年单位国家级孵化器纳税额均在 128 万元以上，最高达 163.41 万元（图 1–7）。

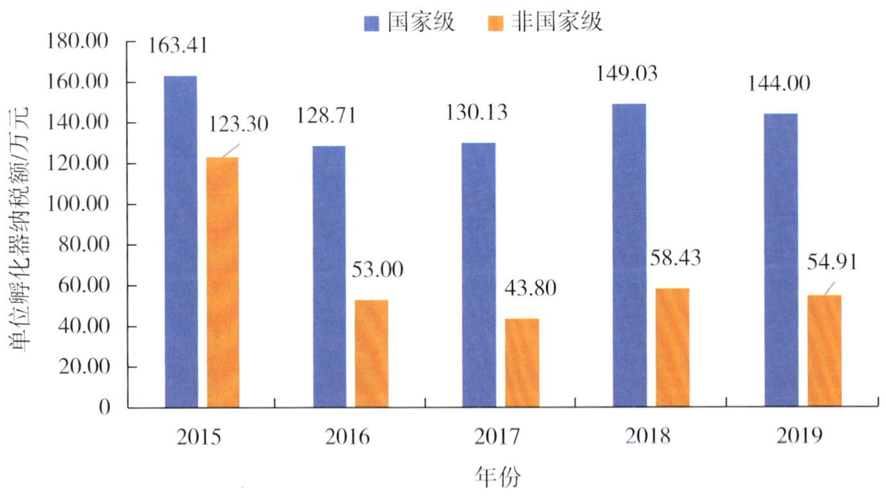

图 1–7　单位孵化器纳税额（2015—2019 年）

2015—2019 年，孵化器公共技术平台总收入整体增长显著，2019 年国家级孵化器公共技术平台收入达到 40.71 亿元，其中国家级孵化器公共技术平台收入为 22.56 亿元，非国家级孵化器公共技术平台收入为 18.15 亿元（表 1–8）。

表 1-8　孵化器公共技术平台收入（2015—2019 年）

单位：万元

年份	公共技术平台收入	国家级		非国家级	
		公共技术平台收入	单位孵化器公共技术平台收入	公共技术平台收入	单位孵化器公共技术平台收入
2015	272 849.50	145 979.71	199.15	126 869.79	70.48
2016	247 979.92	121 614.82	140.92	126 365.09	52.83
2017	295 906.65	169 497.03	171.56	126 409.63	41.03
2018	345 084.71	189 339.59	193.20	155 745.12	40.25
2019	407 118.40	225 604.34	191.68	181 514.06	45.05

从单位孵化器公共技术平台收入情况来看，2015—2019 年单位国家级孵化器公共技术平台收入均在 140 万元以上（图 1-8）。

图 1-8　单位孵化器公共技术平台收入（2015—2019 年）

五、强化锻造企业创新能力，激励科技成果高效产出

2015—2019 年，孵化器知识产权申请数增长较为显著，2019 年达到 27.04 万件，其中国家级孵化器当年知识产权申请数达到 16.17 万件，非国家级孵化器当年知识产权申请数达到 10.87 万件（表 1-9）。

表 1-9 孵化器当年知识产权申请数量（2015—2019 年）

单位：件

年份	当年知识产权申请数	国家级		非国家级	
		当年知识产权申请数	单位孵化器当年知识产权申请数	当年知识产权申请数	单位孵化器当年知识产权申请数
2015	107 667	72 772	99.28	34 895	19.39
2016	140 034	89 785	104.04	50 249	21.01
2017	191 450	120 037	121.49	71 413	23.18
2018	268 242	139 112	141.95	129 130	33.38
2019	270 390	161 685	137.37	108 705	26.98

从国家级孵化器来看，2015—2019 年国家级孵化器在数量上增长了 60.57%，而国家级孵化器知识产权申请数增长了 122.20%，反映出国家级孵化器企业创新能力强劲，科技成果产出丰硕。

从单位孵化器当年知识产权申请数情况来看，2015—2019 年单位国家级孵化器当年知识产权申请数均在 90 件以上（图 1-9）。

图 1-9 单位孵化器当年知识产权申请数（2015—2019 年）

第 2 章

国家级孵化器服务能力

一、风险投资水平不断提升

2015—2019 年，我国科技企业孵化器孵化基金总额呈现不断增长的趋势，从 2015 年的 365.65 亿元增长到 2019 年的 1264.29 亿元，2019 年孵化基金总额将近 2015 年的 3.5 倍。

2015—2019 年，国家级孵化器孵化基金总额整体增幅显著，从 2015 年的 187.53 亿元增长到 2019 年的 668.24 亿元，2019 年孵化基金总额是 2015 年的 3 倍有余，2019 年较 2018 年同比增长 33.82%，孵化基金总额达到新高。2019 年，国家级孵化器孵化基金总额达到 668.24 亿元，非国家级孵化器孵化基金总额达到 596.05 亿元（表 2-1）。

表 2-1　孵化器孵化基金总额（2015—2019 年）

单位：亿元

年份	孵化基金总额	国家级		非国家级	
		孵化基金总额	单位孵化器孵化基金总额	孵化基金总额	单位孵化器孵化基金总额
2015	365.65	187.53	0.26	178.12	0.10
2016	687.8	324.39	0.38	363.41	0.15
2017	840.59	324.88	0.33	515.71	0.17
2018	1071.23	499.36	0.51	571.87	0.15
2019	1264.29	668.24	0.57	596.05	0.15

从单位孵化器情况来看，2015—2019 年单位国家级孵化器孵化基金总额历年都是非国家级孵化器的 2 倍左右（图 2-1）。国家级孵化器拥有更多孵化基金，相应的投资能力更强。

从全国范围来看，2019 年孵化器孵化基金总额排名前 10 位的省份分别是北京、江苏、浙江、广东、陕西、山东、上海、福建、湖北、四川，排名前 10 位省份孵化基金总额占全部孵化器孵化基金总额的 86.18%。从 2019 年各省份国家级孵化器孵化基金总额来看，排名前 10 位的省份分别是北京、江苏、陕西、广东、浙江、上海、山东、湖北、福建、江西，孵化基金总额占全部国家级孵化器孵化基金总额的 86.16%（表 2-2）。

图 2-1　单位孵化器孵化基金总额（2015—2019 年）

表 2-2　2019 年各省份孵化器孵化基金总额

单位：亿元

省份	孵化基金总额	国家级		非国家级	
		孵化基金总额	单位孵化器孵化基金总额	孵化基金总额	单位孵化器孵化基金总额
北京	225.01	193.58	3.17	31.43	0.46
江苏	189.54	75.68	0.38	113.86	0.18
浙江	155.54	50.81	0.61	104.73	0.37
广东	149.10	54.57	0.36	94.53	0.11
陕西	124.08	67.29	1.92	56.80	0.65
山东	96.62	42.11	0.43	54.51	0.21
上海	79.29	44.33	0.79	34.96	0.29
福建	26.73	15.81	0.99	10.92	0.09
湖北	24.75	19.93	0.37	4.82	0.03
四川	18.96	8.99	0.26	9.97	0.07
江西	18.60	14.88	0.71	3.72	0.09
湖南	17.91	12.71	0.53	5.20	0.08
吉林	15.80	4.58	0.21	11.22	0.16
河南	14.77	7.04	0.16	7.73	0.06
安徽	13.78	7.23	0.23	6.55	0.05

续表

省份	孵化基金总额	国家级		非国家级	
		孵化基金总额	单位孵化器孵化基金总额	孵化基金总额	单位孵化器孵化基金总额
青海	12.28	3.22	0.54	9.06	1.13
河北	11.84	3.82	0.12	8.02	0.04
黑龙江	11.45	5.52	0.28	5.94	0.04
重庆	11.19	4.05	0.21	7.14	0.12
甘肃	9.35	8.17	0.82	1.19	0.02
辽宁	9.30	8.81	0.28	0.49	0.01
山西	7.35	1.66	0.11	5.68	0.12
贵州	6.57	5.32	0.67	1.25	0.04
海南	4.70	2.50	1.25	2.20	0.37
天津	2.68	1.68	0.05	1.00	0.02
广西	2.20	1.12	0.07	1.09	0.01
新疆	1.72	0.67	0.07	1.05	0.06
内蒙古	1.43	1.32	0.11	0.11	0.00
云南	0.84	0.50	0.04	0.34	0.01
宁夏	0.55	0.18	0.04	0.37	0.03
新疆兵团	0.27	0.08	0.02	0.19	0.05
西藏	0.10	0.10	0.10	0	0

2019 年单位孵化器孵化基金总额全国平均值为 0.24 亿元，全国有 18 个省份单位国家级孵化器孵化基金总额在全国平均值以上（图 2-2）。

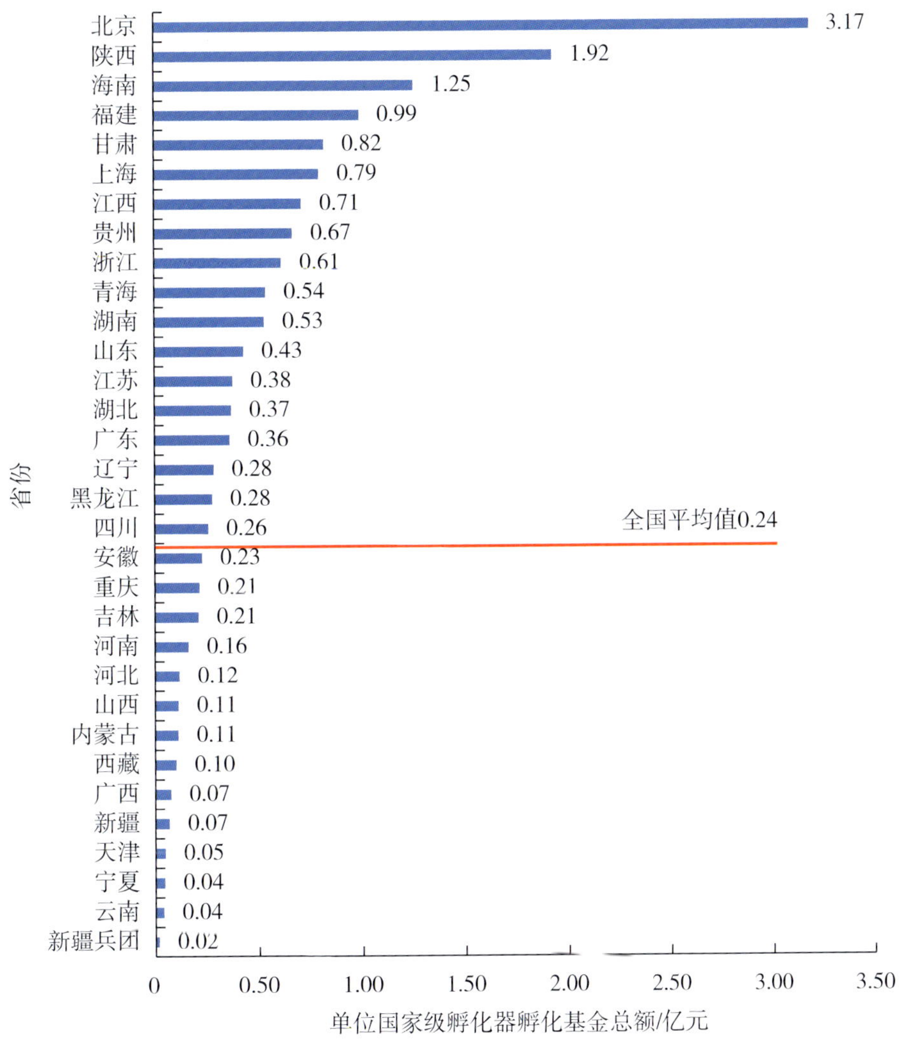

图 2-2　2019 年各省份单位国家级孵化器孵化基金总额

二、创业辅导能力愈加突出

2015—2019 年，我国科技企业孵化器创业导师数量呈现快速增长态势，从 2015 年的 2.13 万人增长到 2019 年的 7.06 万人，2019 年创业导师数量是 2015 年的 3 倍有余，2019 年较 2018 年同比增长 14.81%。

2015—2019 年，国家级孵化器创业导师数量整体增幅显著，从 2015 年的 1.01 万人增长到 2019 年的 2.49 万人，2019 年创业导师数量是 2015 年的 2 倍有余，2019 年较 2018 年同比增长

25.30%，创业导师数量达到新高。2019 年，国家级孵化器孵化创业导师数量为 2.49 万人，非国家级孵化器孵化创业导师数量为 4.57 万人。从对接导师的在孵企业比例来看，国家级孵化器对接导师的在孵企业比例从 2015 年的 49.05% 持续增长到 2019 年的 82.63%（表 2－3）。

表 2－3　孵化器创业导师数量及对接导师的在孵企业比例（2015—2019 年）

年份	创业导师数量 / 人	国家级		非国家级	
		创业导师数量 / 人	对接导师的在孵企业比例	创业导师数量 / 人	对接导师的在孵企业比例
2015	21 314	10 063	49.05%	11 251	55.06%
2016	31 843	13 873	60.70%	17 970	61.23%
2017	45 017	17 407	65.58%	27 610	63.56%
2018	61 482	19 857	71.36%	41 625	73.60%
2019	70 589	24 880	82.63%	45 709	79.83%

国家级孵化器创业导师资源更加集聚，资源整合能力更强。2015—2019 年，单位国家级孵化器创业导师数量历年都是非国家级孵化器创业导师数量的 2 倍左右（图 2－3）。

图 2－3　单位孵化器创业导师数量（2015—2019 年）

从全国范围来看，2019年孵化器创业导师数量排名前10位的省份分别是广东、江苏、山东、浙江、北京、湖北、四川、河北、河南、上海，排名前10位省份创业导师数量占全部孵化器创业导师数量的67.91%。从2019年各省份国家级孵化器创业导师数量来看，排名前10位的省份分别是广东、江苏、山东、北京、浙江、湖北、陕西、河南、上海、四川，创业导师数量占全部国家级孵化器创业导师数量的69.42%（表2-4）。

表2-4　2019年各省份孵化器创业导师数量

单位：人

省份	创业导师数量	国家级		非国家级	
		创业导师数量	单位孵化器创业导师数量	创业导师数量	单位孵化器创业导师数量
广东	9758	2983	19.75	6775	7.86
江苏	7863	2932	14.59	4931	7.81
山东	5959	2330	23.78	3629	13.96
浙江	5084	2072	24.96	3012	10.76
北京	4051	2155	35.33	1896	27.48
湖北	3748	1208	22.37	2540	15.68
四川	3702	751	21.46	2951	22.19
河北	3151	588	17.82	2563	11.76
河南	2524	957	21.75	1567	12.74
上海	2096	922	16.46	1174	9.87
陕西	2055	961	27.46	1094	12.57
黑龙江	1953	307	15.35	1646	10.16
福建	1715	248	15.50	1467	12.33
安徽	1649	589	18.41	1060	7.68
江西	1564	587	27.95	977	23.83
湖南	1512	416	17.33	1096	16.86
吉林	1412	602	27.36	810	11.41
内蒙古	1392	582	48.50	810	21.32

续表

省份	创业导师数量	国家级		非国家级	
		创业导师数量	单位孵化器创业导师数量	创业导师数量	单位孵化器创业导师数量
广西	1321	248	16.53	1073	11.79
天津	1217	657	18.25	560	12.44
重庆	1160	493	25.95	667	11.50
山西	1080	266	17.73	814	17.32
辽宁	1041	497	16.03	544	15.11
云南	993	409	31.46	584	21.63
甘肃	780	183	18.30	597	8.65
新疆	543	219	21.90	324	17.05
青海	500	387	64.50	113	14.13
贵州	319	131	16.38	188	5.53
宁夏	188	37	9.25	151	13.73
海南	122	53	26.50	69	11.50
新疆兵团	113	86	17.20	27	6.75
西藏	24	24	24.00	0	0

2019年单位孵化器创业导师数量全国平均值为13.56人，全国有31个省份单位国家级孵化器创业导师数量在全国平均值以上（图2-4）。

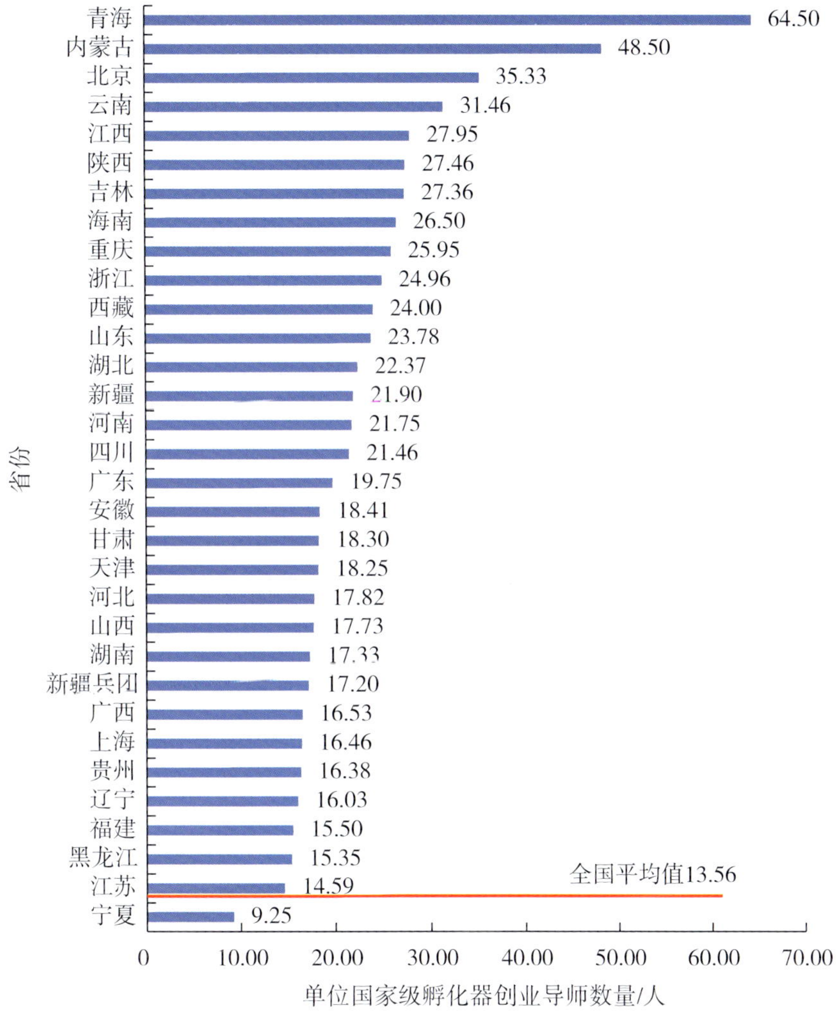

图2-4 2019年各省份单位国家级孵化器创业导师数量

三、孵化配套服务逐步完善

2015—2019年，我国科技企业孵化器签约中介服务机构数量在2016年出现波谷，之后不断增长，2019年签约中介服务机构数量是2015年的2倍有余，2019年较2018年同比增长16.34%。

2015—2019年，国家级孵化器签约中介服务机构数量整体增幅显著，从2015年的7786个增长到2019年的21 062个，2019年签约中介服务机构数量是2015年的2倍有余，2019年较2018年同比增长26.76%，签约中介服务机构数量达到新高。2019年，国家级孵化器签约中介服务机构数量为21 062个，非国家级孵化器签约中介服务机构数量为28 306个（表2-5）。

表 2-5　孵化器签约中介服务机构数量（2015—2019 年）

单位：个

年份	签约中介服务机构数量	国家级		非国家级	
		签约中介服务机构数量	单位孵化器签约中介服务机构数量	签约中介服务机构数量	单位孵化器签约中介服务机构数量
2015	23 383	7786	10.62	15 597	8.67
2016	13 206	11 807	13.68	1399	0.58
2017	33 226	15 044	15.23	18 182	5.90
2018	42 435	16 616	16.96	25 819	6.67
2019	49 368	21 062	17.89	28 306	7.03

从单位孵化器情况来看，国家级孵化器创业服务资源更加丰富，孵化服务更具竞争力。2015—2019 年，单位国家级孵化器签约中介服务机构数量都高于非国家级孵化器，整体表现优于非国家级孵化器（图 2-5）。

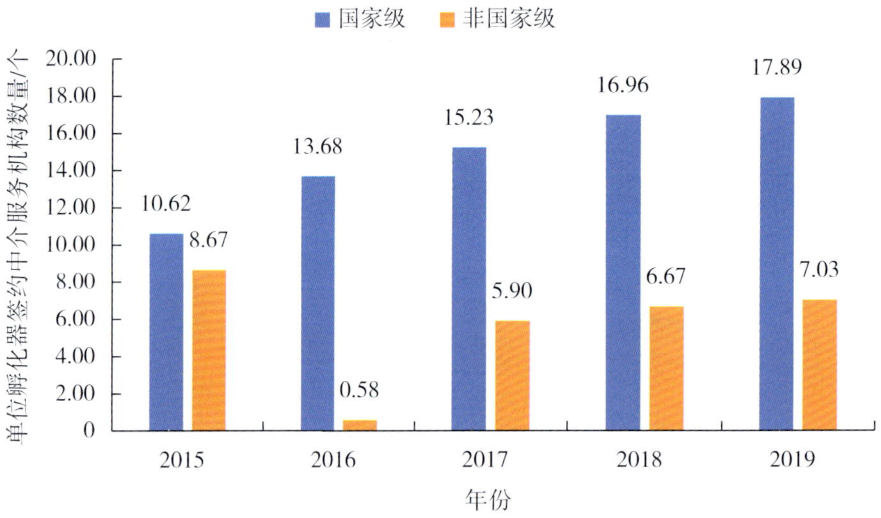

图 2-5　单位孵化器签约中介服务机构数量（2015—2019 年）

从全国范围来看，2019 年孵化器签约中介服务机构数量排名前 10 位的省份分别是广东、江苏、浙江、山东、北京、上海、湖北、四川、河北、河南，排名前 10 位省份签约中介服务机构数量占全部孵化器签约中介服务机构数量的 71.38%。从 2019 年各省份国家级孵化器签约中介服务机构数量来看，排名前 10 位的省份分别是江苏、广东、北京、浙江、上海、山东、四川、湖北、陕西、河南，签约中介服务机构数量占全部国家级孵化器签约中介服务机构数量的 71.89%（表 2-6）。

表2-6　2019年各省份孵化器签约中介服务机构数量

单位：个

省份	签约中介服务机构数量	国家级		非国家级	
		签约中介服务机构数量	单位孵化器签约中介服务机构数量	签约中介服务机构数量	单位孵化器签约中介服务机构数量
广东	8496	2586	17.13	5910	6.86
江苏	5995	2736	13.61	3259	5.16
浙江	3561	1528	18.41	2033	7.26
山东	3198	1416	14.45	1782	6.85
北京	3021	1732	28.39	1289	18.68
上海	2727	1499	26.77	1228	10.32
湖北	2388	978	18.11	1410	8.70
四川	2128	1061	30.31	1067	8.02
河北	1898	467	14.15	1431	6.56
河南	1811	752	17.09	1059	8.61
陕西	1687	854	24.40	833	9.57
安徽	1226	487	15.22	739	5.36
湖南	1128	429	17.88	699	10.75
天津	1052	603	16.75	449	9.98
云南	1021	744	57.23	277	10.26
福建	985	294	18.38	691	5.81
黑龙江	828	266	13.30	562	3.47
吉林	779	349	15.86	430	6.06
广西	763	234	15.60	529	5.81
重庆	730	287	15.11	443	7.64
江西	704	384	18.29	320	7.80
甘肃	621	182	18.20	439	6.36
山西	596	213	14.20	383	8.15
辽宁	506	281	9.06	225	6.25
内蒙古	388	194	16.17	194	5.11
新疆	359	136	13.60	223	11.74
宁夏	246	92	23.00	154	14.00
贵州	229	110	13.75	119	3.50

续表

省份	签约中介服务机构数量	国家级		非国家级	
		签约中介服务机构数量	单位孵化器签约中介服务机构数量	签约中介服务机构数量	单位孵化器签约中介服务机构数量
海南	138	85	42.50	53	8.83
青海	99	41	6.83	58	7.25
新疆兵团	57	39	7.80	18	4.50
西藏	3	3	3.00	0	0

2019 年，单位孵化器签约中介服务机构数量全国平均值为 9.48 个，全国有 28 个省份单位国家级孵化器签约中介服务机构数量在全国平均值以上（图 2-6）。

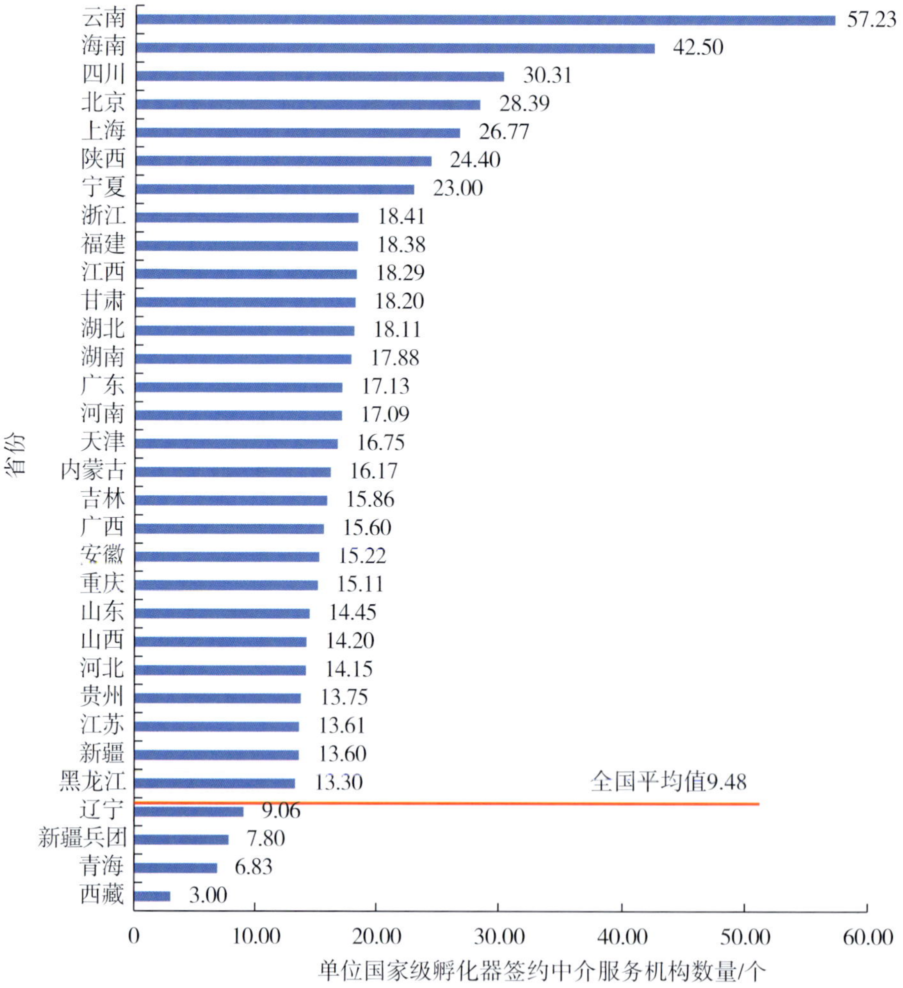

图 2-6　2019 年各省份单位国家级孵化器签约中介服务机构数量

一、创业孵化绩效不断增长

2015—2019 年，我国科技企业孵化器在孵企业总收入整体增长明显，从 2015 年的 4810.37 亿元增长到 2019 年的 8219.86 亿元，增长了 70.88%。

2015—2019 年，国家级孵化器在孵企业总收入增幅显著，从 2015 年的 2483.49 亿元增长到 2019 年的 3976.55 亿元，增长了 60.12%，2019 年较 2018 年同比增长 9.57%。2019 年，单位国家级孵化器在孵企业总收入达到 3.38 亿元，单位非国家级孵化器在孵企业总收入达到 1.05 亿元（表 3-1）。

表 3-1 孵化器在孵企业总收入（2015—2019 年）

单位：亿元

年份	在孵企业总收入	国家级		非国家级	
		在孵企业总收入	单位孵化器在孵企业总收入	在孵企业总收入	单位孵化器在孵企业总收入
2015	4810.37	2483.49	3.39	2326.88	1.29
2016	4794.67	2682.01	3.11	2112.66	0.88
2017	6335.67	3297.77	3.34	3037.90	0.99
2018	8343.04	3629.34	3.70	4713.70	1.22
2019	8219.86	3976.55	3.38	4243.31	1.05

从单位孵化器情况来看，国家级孵化器创业服务绩效更加突出，2015—2019 年单位国家级孵化器在孵企业总收入都高于非国家级孵化器，整体表现好于非国家级孵化器（图 3-1）。

从全国范围来看，2019 年孵化器在孵企业总收入排名前 10 位的省份分别是江苏、广东、北京、山东、上海、浙江、四川、湖北、湖南、陕西，排名前 10 位省份在孵企业总收入占全部孵化器在孵企业总收入的 77.32%。从 2019 年各省份国家级孵化器在孵企业总收入来看，排名前 10 位的省份分别是江苏、北京、广东、山东、上海、浙江、陕西、河南、湖北、湖南，在孵企业总收入占全部国家级孵化器在孵企业总收入的 77.97%（表 3-2）。

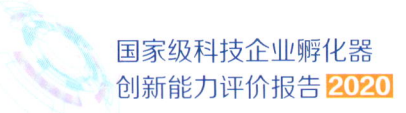

图 3-1　单位孵化器在孵企业总收入（2015—2019 年）

表 3-2　2019 年各省份孵化器在孵企业总收入

单位：亿元

省份	在孵企业总收入	国家级		非国家级	
		在孵企业总收入	单位孵化器在孵企业总收入	在孵企业总收入	单位孵化器在孵企业总收入
江苏	1688.79	883.34	4.39	805.45	1.28
广东	1298.46	484.71	3.21	813.76	0.94
北京	680.13	533.76	8.75	146.37	2.12
山东	588.87	258.54	2.64	330.33	1.27
上海	519.44	208.71	3.73	310.73	2.61
浙江	489.61	193.26	2.33	296.35	1.06
四川	339.36	69.56	1.99	269.80	2.03
湖北	266.59	134.59	2.49	131.99	0.81
湖南	242.35	99.14	4.13	143.21	2.20
陕西	242.09	154.36	4.41	87.72	1.01
河南	240.99	149.91	3.41	91.08	0.74
河北	188.19	86.39	2.62	101.80	0.47
安徽	156.59	55.07	1.72	101.52	0.74
吉林	152.88	75.05	3.41	77.83	1.10
江西	140.10	98.55	4.69	41.54	1.01

续表

省份	在孵企业总收入	国家级		非国家级	
		在孵企业总收入	单位孵化器在孵企业总收入	在孵企业总收入	单位孵化器在孵企业总收入
福建	133.34	43.05	2.69	90.29	0.76
黑龙江	94.01	33.21	1.66	60.80	0.38
辽宁	93.91	74.33	2.40	19.58	0.54
天津	85.59	52.50	1.46	33.09	0.74
广西	78.12	34.87	2.32	43.25	0.48
内蒙古	75.18	55.84	4.65	19.34	0.51
贵州	64.74	26.47	3.31	38.28	1.13
山西	63.90	25.08	1.67	38.82	0.83
云南	55.79	38.14	2.93	17.66	0.65
重庆	52.86	24.03	1.26	28.82	0.50
甘肃	43.96	16.38	1.64	27.57	0.40
新疆	43.18	13.05	1.31	30.12	1.59
海南	39.45	20.52	10.26	18.93	3.15
青海	25.85	15.27	2.55	10.58	1.32
新疆兵团	21.21	10.03	2.01	11.18	2.80
宁夏	13.05	7.54	1.89	5.51	0.50
西藏	1.27	1.27	1.27	0	0

2019 年，单位孵化器在孵企业总收入全国平均值为 1.58 亿元，全国有 28 个省份单位国家级孵化器在孵企业总收入在全国平均值以上（图 3-2）。

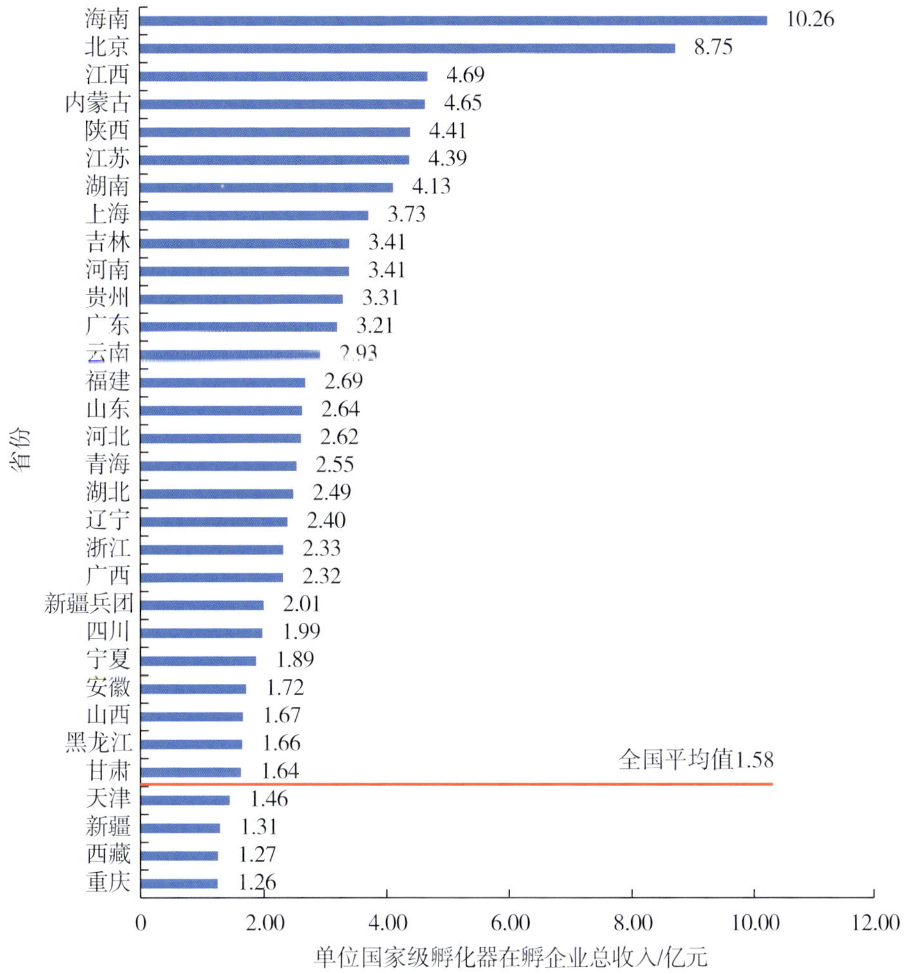

图 3-2　2019 年各省份单位国家级孵化器在孵企业总收入

二、吸纳社会资本能力强化

2015—2019 年，我国科技企业孵化器内当年获得投融资的在孵企业数量整体增长明显，从 2015 年的 6038 家增长到 2019 年的 10 771 家，增长了 78.39%。

2015—2019 年，国家级孵化器当年获得投融资的在孵企业数量历年不断增长，从 2015 年的 3996 家增长到 2019 年的 6739 家，增长了 68.64%，2019 年较 2018 年同比增长 5.25%，当年获得投融资的在孵企业数量达到新高。2019 年，国家级孵化器当年获得投融资的在孵企业数量达到 6739 家，非国家级孵化器当年获得投融资的在孵企业数量达到 4032 家（表 3-3）。

表 3-3 孵化器当年获得投融资的在孵企业数量（2015—2019 年）

单位：家

年份	当年获得投融资的在孵企业数量	国家级		非国家级	
		当年获得投融资的在孵企业数量	单位孵化器当年获得投融资的在孵企业数量	当年获得投融资的在孵企业数量	单位孵化器当年获得投融资的在孵企业数量
2015	6038	3996	5.45	2042	1.13
2016	7490	4862	5.63	2628	1.10
2017	9576	5910	5.98	3666	1.19
2018	11 195	6403	6.53	4792	1.24
2019	10 771	6739	5.73	4032	1.00

从单位孵化器情况来看，2015—2019 年单位国家级孵化器当年获得投融资的在孵企业数量都高于非国家级孵化器，数量是非国家级孵化器的 5 倍左右（图 3-3）。

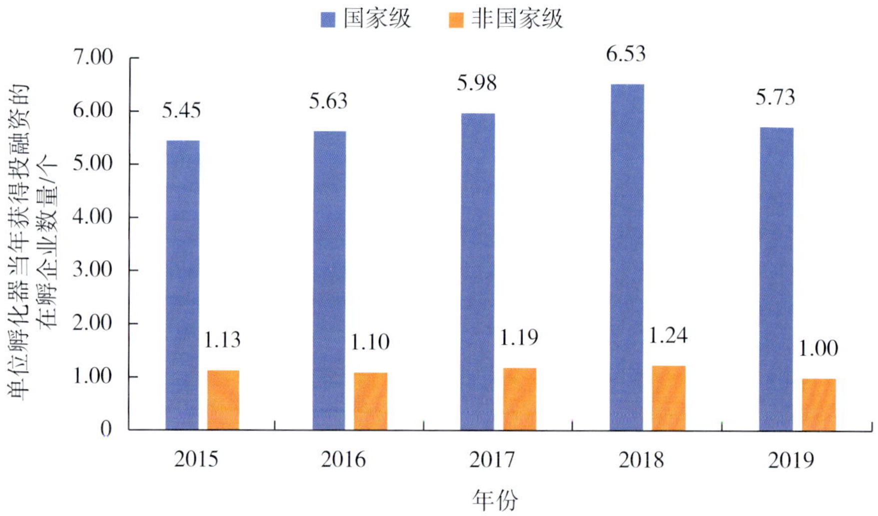

图 3-3 单位孵化器当年获得投融资的在孵企业数量（2015—2019 年）

从全国范围来看，2019 年孵化器当年获得投融资的在孵企业数量排名前 10 位的省份分别是江苏、广东、浙江、河南、上海、山东、北京、陕西、湖北、四川，排名前 10 位省份当年获得投融资的在孵企业数量占全部孵化器当年获得投融资的在孵企业数量的 78.03%。从 2019 年各省份国家级孵化器当年获得投融资的在孵企业数量来看，排名前 10 位的省份分别是江苏、广东、浙江、河南、山东、上海、北京、陕西、四川、湖南，当年获得投融资的在孵企业数量占全部国家级孵化器当年获得投融资的在孵企业数量的 76.11%（表 3-4）。

第3章

国家级孵化器孵化绩效

表 3-4　2019 年各省份孵化器当年获得投融资的在孵企业数量

单位：个

省份	当年获得投融资的在孵企业数量	国家级		非国家级	
		当年获得投融资的在孵企业数量	单位孵化器当年获得投融资的在孵企业数量	当年获得投融资的在孵企业数量	单位孵化器当年获得投融资的在孵企业数量
江苏	2266	1252	6.23	1014	1.61
广东	1722	882	5.84	840	0.97
浙江	919	613	7.39	306	1.09
河南	668	439	9.98	229	1.86
上海	633	407	7.27	226	1.90
山东	571	416	4.24	155	0.60
北京	535	401	6.57	134	1.94
陕西	372	296	8.46	76	0.87
湖北	365	181	3.35	184	1.14
四川	354	218	6.23	136	1.02
湖南	295	205	8.54	90	1.38
江西	276	203	9.67	73	1.78
福建	235	179	11.19	56	0.47
安徽	230	149	4.66	81	0.59
河北	219	154	4.67	65	0.30
天津	209	160	4.44	49	1.09
吉林	195	158	7.18	37	0.52
辽宁	147	111	3.58	36	1.00
广西	123	76	5.07	47	0.52
重庆	99	52	2.74	47	0.81
山西	76	40	2.67	36	0.77
甘肃	55	26	2.60	29	0.42
黑龙江	53	24	1.20	29	0.18
新疆	43	20	2.00	23	1.21
贵州	33	25	3.13	8	0.24
云南	24	22	1.69	2	0.07
内蒙古	21	10	0.83	11	0.29

续表

省份	当年获得投融资的在孵企业数量	国家级		非国家级	
		当年获得投融资的在孵企业数量	单位孵化器当年获得投融资的在孵企业数量	当年获得投融资的在孵企业数量	单位孵化器当年获得投融资的在孵企业数量
新疆兵团	16	12	2.40	4	1.00
海南	8	3	1.50	5	0.83
青海	5	5	0.83	0	0
宁夏	4	0	0	4	0.36
西藏	0	0	0	0	0

2019 年，单位孵化器当年获得投融资的在孵企业数量全国平均值为 2.07 个，全国有 24 个省份单位国家级孵化器当年获得投融资的在孵企业数量在全国平均值以上（图 3－4）。

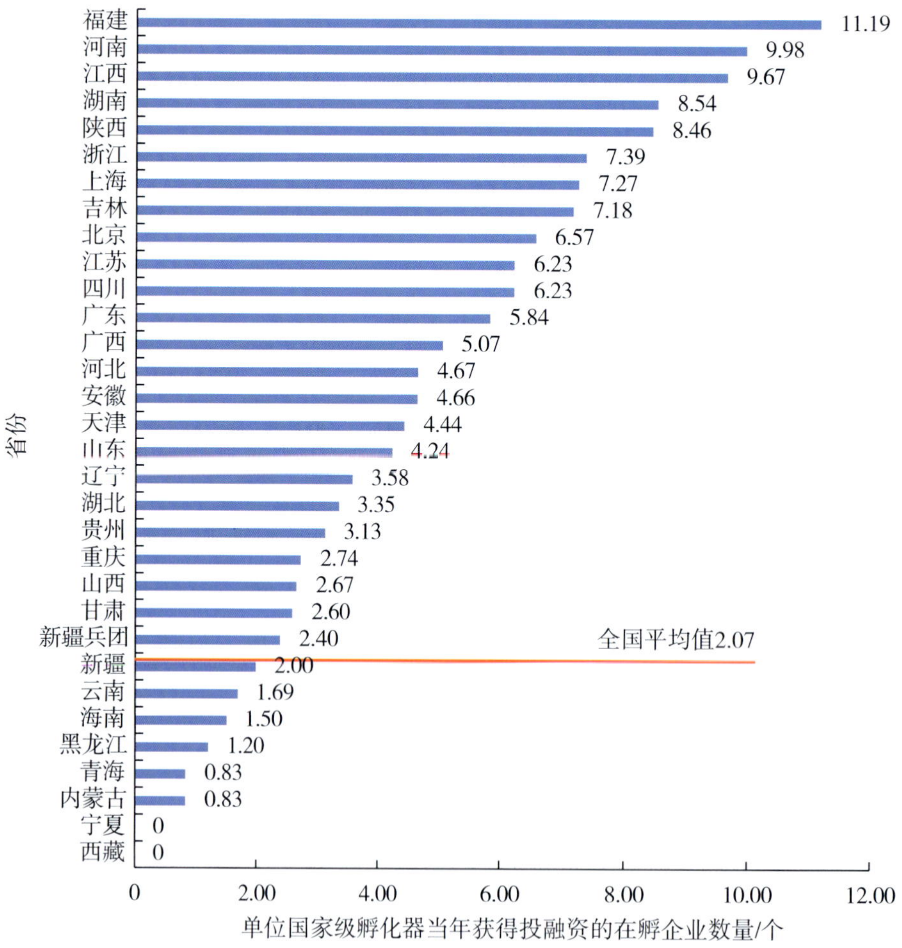

图 3－4　2019 年各省份单位国家级孵化器当年获得投融资的在孵企业数量

三、新增在孵企业规模稳定

2015—2019年，我国科技企业孵化器新增在孵企业数量整体增长明显，从2015年的31 886个增长到2019年的58 830个，增长了84.5%。受新版《科技企业孵化器管理办法》降低在孵企业数量要求的影响，新增在孵企业数量在2019年出现小幅下降，2019年较2018年同比下降2.45%。

2015—2019年，国家级孵化器新增在孵企业数量经历了波动过程，从2015年的16 717个增长到2017年的23 387个，之后下降到2018年的21 297个，2019年出现回升，较2018年同比增长10.16%。2019年，国家级孵化器新增在孵企业数量达到23 461个，非国家级孵化器新增在孵企业数量达到35 369个（表3-5）。

表3-5 孵化器新增在孵企业数量（2015—2019年）

单位：个

年份	新增在孵企业数量	国家级		非国家级	
		新增在孵企业数量	单位孵化器新增在孵企业数量	新增在孵企业数量	单位孵化器新增在孵企业数量
2015	31 886	16 717	22.81	15 169	8.43
2016	48 116	21 917	25.40	26 199	10.95
2017	56 930	23 387	23.67	33 543	10.89
2018	60 309	21 297	21.73	39 012	10.08
2019	58 830	23 461	19.93	35 369	8.78

从单位孵化器情况来看，2015—2019年单位国家级孵化器新增在孵企业数量都高于非国家级孵化器，数量是非国家级孵化器的2倍有余，国家级孵化器孵化载体活力更加突出（图3-5）。

图 3-5　单位孵化器新增在孵企业数量（2015—2019 年）

从全国范围来看，2019 年孵化器新增在孵企业数量排名前 10 位的省份分别是广东、江苏、浙江、山东、湖北、北京、黑龙江、河南、四川、河北，排名前 10 位省份新增在孵企业数量占全部孵化器新增在孵企业数量的 71.50%。从 2019 年各省份国家级孵化器新增在孵企业数量来看，排名前 10 位的省份分别是江苏、广东、浙江、山东、北京、湖北、河南、四川、上海、辽宁，新增在孵企业数量占全部国家级孵化器新增在孵企业数量的 69.17%（表 3-6）。

表 3-6　2019 年各省份孵化器新增在孵企业数量

单位：个

省份	新增在孵企业数量	国家级		非国家级	
		新增在孵企业数量	单位孵化器新增在孵企业数量	新增在孵企业数量	单位孵化器新增在孵企业数量
广东	9501	2667	17.66	6834	7.93
江苏	8748	3662	18.22	5086	8.06
浙江	4894	1973	23.77	2921	10.43
山东	4066	1813	18.50	2253	8.67
湖北	3148	1153	21.35	1995	12.31
北京	2626	1463	23.98	1163	16.86
黑龙江	2367	619	30.95	1748	10.79
河南	2360	1052	23.91	1308	10.63
四川	2246	916	26.17	1330	10.00

续表

省份	新增在孵企业数量	国家级		非国家级	
		新增在孵企业数量	单位孵化器新增在孵企业数量	新增在孵企业数量	单位孵化器新增在孵企业数量
河北	2108	551	16.70	1557	7.14
安徽	1923	643	20.09	1280	9.28
上海	1916	876	15.64	1040	8.74
陕西	1316	551	15.74	765	8.79
广西	1229	524	34.93	705	7.75
湖南	1206	531	22.13	675	10.38
天津	1183	635	17.64	548	12.18
辽宁	1010	652	21.03	358	9.94
福建	989	377	23.56	612	5.14
吉林	942	450	20.45	492	6.93
江西	867	460	21.90	407	9.93
重庆	767	320	16.84	447	7.71
山西	601	227	15.13	374	7.96
甘肃	539	209	20.90	330	4.78
云南	520	256	19.69	264	9.78
新疆	512	218	21.80	294	15.47
内蒙古	399	204	17.00	195	5.13
贵州	350	195	24.38	155	4.56
海南	145	21	10.50	124	20.67
青海	125	74	12.33	51	6.38
新疆兵团	113	108	21.60	5	1.25
宁夏	108	55	13.75	53	4.82
西藏	6	6	6.00	0	0

2019 年，单位孵化器新增在孵企业数量全国平均值为 11.30 个，全国有 30 个省份单位国家级孵化器新增在孵企业数量在全国平均值以上（图 3–6）。

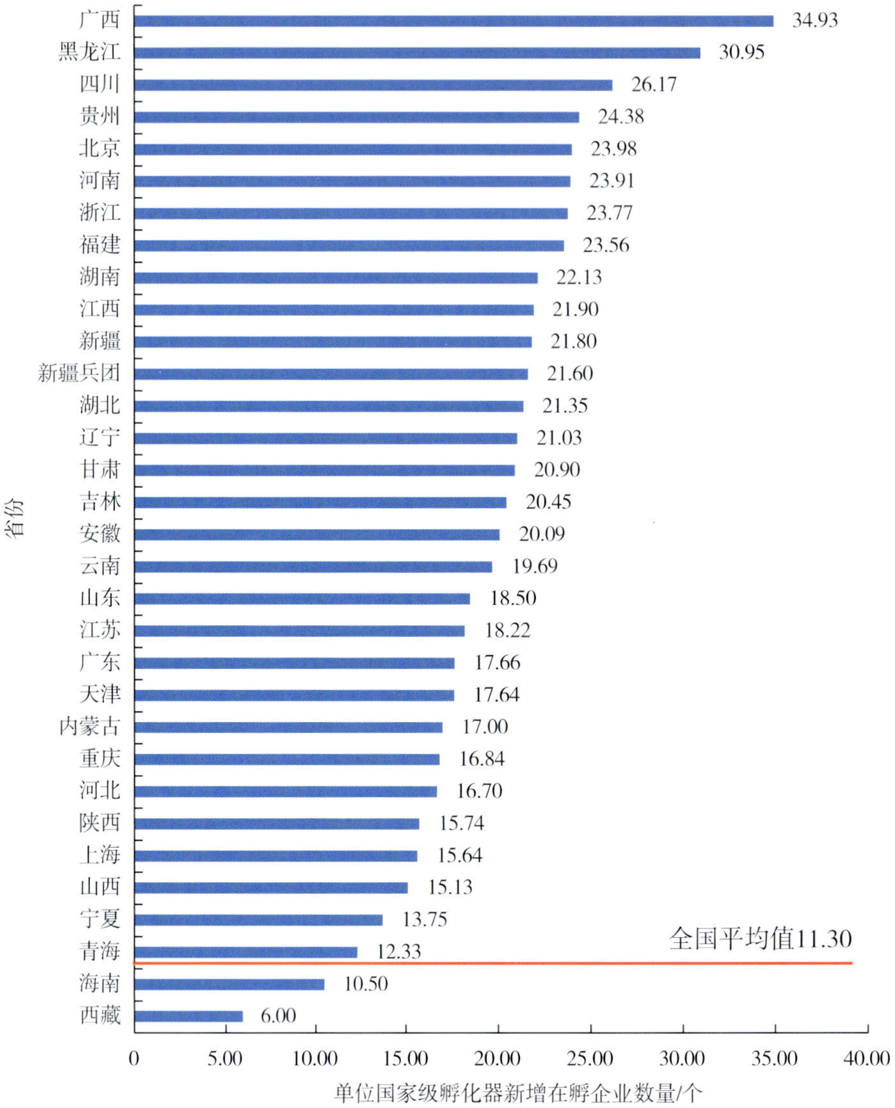

图 3-6 2019 年各省份单位国家级孵化器新增在孵企业数量

四、孵化产出成果逐年攀升

2015—2019 年，我国科技企业孵化器新增毕业企业数量历年不断增长，从 2015 年的 11 594 个增长到 2019 年的 26 152 个，2019 年新增毕业企业数量是 2015 年的 2 倍有余，2019 年较 2018 年同比增长 11.49%。

2015—2019 年，国家级孵化器新增毕业企业数量则经历了波动过程，从 2015 年的 6433 个增长到 2017 年的 10 143 个，之后下降到 2018 年的 9819 个，2019 年新增毕业企业数量较 2018 年出现反弹，同比增长 23.91%。2019 年，国家级孵化器新增毕业企业数量为 12 167 个，非国家级孵化器新增毕业企业数量为 13 985 个（表 3-7）。

表 3-7　孵化器新增毕业企业数量（2015—2019 年）

单位：个

年份	新增毕业企业数量	国家级		非国家级	
		新增毕业企业数量	单位孵化器新增毕业企业数量	新增毕业企业数量	单位孵化器新增毕业企业数量
2015	11 594	6433	8.78	5161	2.87
2016	15 024	7942	9.20	7082	2.96
2017	20 366	10 143	10.27	10 223	3.32
2018	23 457	9819	10.02	13 638	3.52
2019	26 152	12 167	10.34	13 985	3.47

从单位孵化器情况来看，2015—2019 年单位国家级孵化器新增毕业企业数量都高于非国家级孵化器，数量是非国家级孵化器的 3 倍左右，国家级孵化器整体表现好于非国家级孵化器（图 3-7）。

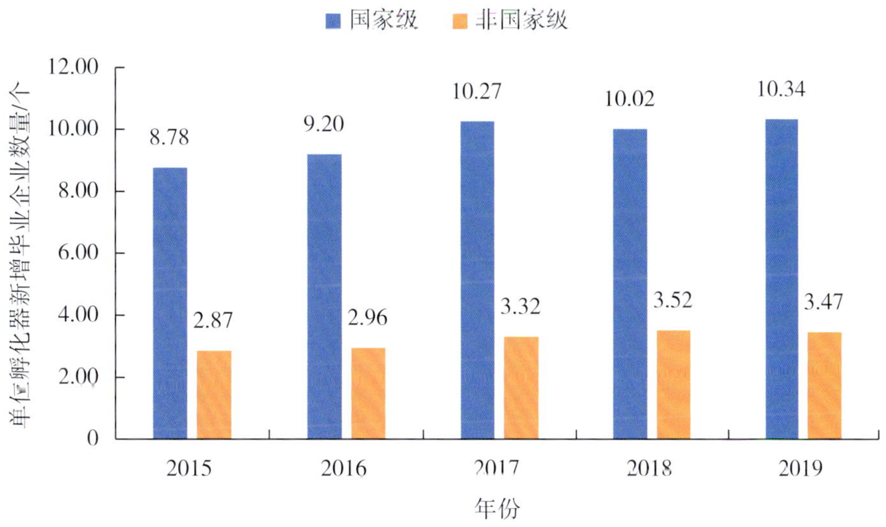

图 3-7　单位孵化器新增毕业企业数量（2015—2019 年）

从全国范围来看，2019 年孵化器新增毕业企业数量排名前 10 位的省份分别是江苏、广东、浙江、山东、北京、湖北、河南、河北、四川、陕西，排名前 10 位省份新增毕业企业数量占全部孵化器新增毕业企业数量的 72.61%。从 2019 年各省份国家级孵化器新增毕业企业数量来看，排名前 10 位的省份分别是江苏、广东、浙江、山东、北京、河南、湖北、陕西、四川、辽宁，新增毕业企业数量占全部国家级孵化器新增毕业企业数量的 72.71%（表 3-8）。

表 3-8　2019 年各省份孵化器新增毕业企业数量

单位：个

省份	新增毕业企业数量	国家级		非国家级	
		新增毕业企业数量	单位孵化器新增毕业企业数量	新增毕业企业数量	单位孵化器新增毕业企业数量
江苏	4524	2186	10.88	2338	3.71
广东	3766	1525	10.10	2241	2.60
浙江	2416	1183	14.25	1233	4.40
山东	2152	1033	10.54	1119	4.30
北京	1321	797	13.07	524	7.59
湖北	1214	510	9.44	704	4.35
河南	1005	553	12.57	452	3.67
河北	942	264	8.00	678	3.11
四川	883	365	10.43	518	3.89
陕西	766	421	12.03	345	3.97
湖南	690	269	11.21	421	6.48
福建	606	197	12.31	409	3.44
江西	592	259	12.33	333	8.12
安徽	544	257	8.03	287	2.08
重庆	498	188	9.89	310	5.34
黑龙江	482	176	8.80	306	1.89
上海	462	258	4.61	204	1.71
广西	435	207	13.80	228	2.51
辽宁	412	274	8.84	138	3.83
山西	410	164	10.93	246	5.23
吉林	371	208	9.45	163	2.30
天津	328	235	6.53	93	2.07
甘肃	299	100	10.00	199	2.88
内蒙古	264	115	9.58	149	3.92
云南	169	86	6.62	83	3.07
新疆	162	69	6.90	93	4.89
贵州	150	79	9.88	71	2.09

续表

省份	新增毕业企业数量	国家级		非国家级	
		新增毕业企业数量	单位孵化器新增毕业企业数量	新增毕业企业数量	单位孵化器新增毕业企业数量
新疆兵团	101	91	18.20	10	2.50
海南	66	22	11.00	44	7.33
青海	65	55	9.17	10	1.25
宁夏	57	21	5.25	36	3.27
西藏	0	0	0	0	0

2019 年，单位孵化器新增毕业企业数量全国平均值为 5.02 个，全国有 30 个省份单位国家级孵化器新增毕业企业数量在全国平均值以上（图 3－8）。

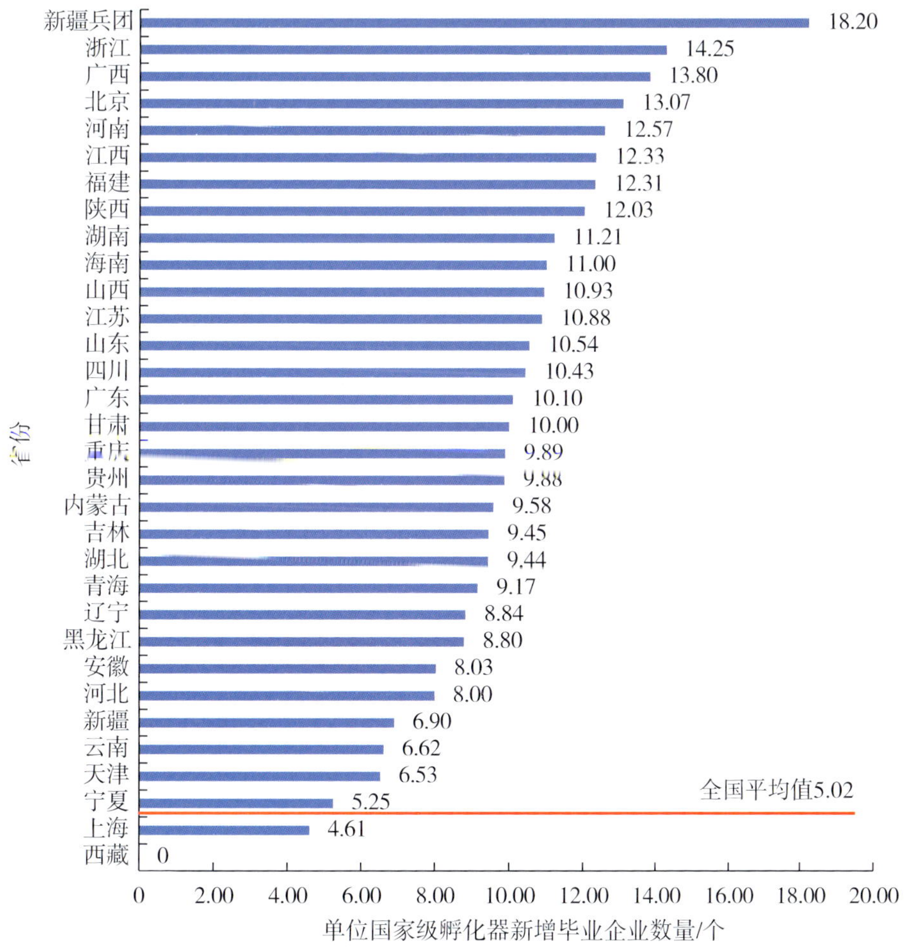

图 3－8　2019 年各省份单位国家级孵化器新增毕业企业数量

五、科技创新投入稳步追加

我国科技企业孵化器在孵企业研发总投入从 2015 年的 315.57 亿元增长到 2019 年的 705.02 亿元，增长了 123.41%，2019 年出现小幅下降，2019 年较 2018 年同比下降 2.98%。

2015—2019 年，国家级孵化器在孵企业研发总投入整体呈现明显增长，从 2015 年的 219.34 亿元增长到 2019 年的 423.70 亿元，增长了 93.17%，2019 年在孵企业研发总投入出现小幅回落，较 2018 年同比下降 0.56%。2019 年，国家级孵化器在孵企业研发总投入为 423.70 亿元，非国家级孵化器在孵企业研发总投入为 281.31 亿元（表 3–9）。

表 3–9　孵化器在孵企业研发总投入（2015—2019 年）

单位：亿元

年份	在孵企业研发总投入	国家级		非国家级	
		在孵企业研发总投入	单位孵化器在孵企业研发总投入	在孵企业研发总投入	单位孵化器在孵企业研发总投入
2015	315.57	219.34	0.30	96.23	0.05
2016	414.84	269.28	0.31	145.55	0.06
2017	589.40	358.42	0.36	230.98	0.07
2018	726.68	426.10	0.43	300.58	0.08
2019	705.02	423.70	0.36	281.31	0.07

从单位孵化器情况来看，2015—2019 年单位国家级孵化器在孵企业研发总投入都高于非国家级孵化器，投入金额是非国家级孵化器的 5 倍有余，国家级孵化器整体表现好于非国家级孵化器，孵化能力依然强劲（图 3–9）。

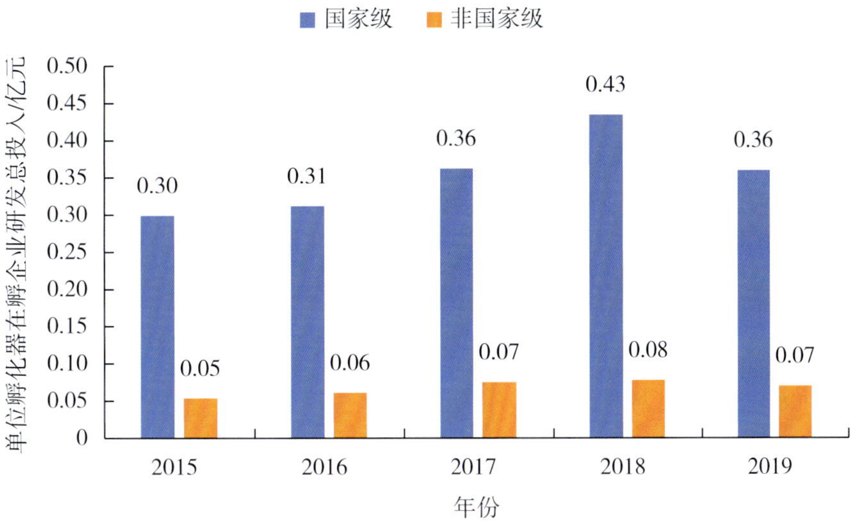

图 3-9　单位孵化器在孵企业研发总投入（2015—2019 年）

从全国范围来看，2019 年孵化器在孵企业研发总投入排名前 10 位的省份分别是江苏、广东、北京、浙江、陕西、上海、山东、四川、河南、福建，排名前 10 位省份在孵企业研发总投入占全部孵化器在孵企业研发总投入的 83.82%。从 2019 年各省份国家级孵化器在孵企业研发总投入来看，排名前 10 位的省份分别是江苏、广东、北京、浙江、上海、山东、陕西、四川、河南、福建，在孵企业研发总投入占全部国家级孵化器在孵企业研发总投入的 81.99%（表 3-10）。

表 3-10　2019 年各省份孵化器在孵企业研发总投入

单位：亿元

省份	在孵企业研发总投入	国家级		非国家级	
		在孵企业研发总投入	单位孵化器在孵企业研发总投入	在孵企业研发总投入	单位孵化器在孵企业研发总投入
江苏	156.19	94.74	0.47	61.44	0.10
广东	134.42	65.28	0.43	69.14	0.08
北京	64.85	50.06	0.82	14.80	0.21
浙江	57.35	31.89	0.38	25.47	0.09
陕西	46.52	16.32	0.47	30.20	0.35
上海	43.43	29.28	0.52	14.15	0.12
山东	33.01	24.35	0.25	8.66	0.03
四川	21.82	13.69	0.39	8.14	0.06
河南	17.46	11.37	0.26	6.09	0.05

续表

省份	在孵企业研发总投入	国家级		非国家级	
		在孵企业研发总投入	单位孵化器在孵企业研发总投入	在孵企业研发总投入	单位孵化器在孵企业研发总投入
福建	15.92	10.42	0.65	5.50	0.05
湖北	14.76	8.95	0.17	5.81	0.04
湖南	14.48	9.28	0.39	5.20	0.08
安徽	13.60	8.60	0.27	4.99	0.04
河北	9.36	5.68	0.17	3.68	0.02
天津	8.21	6.35	0.18	1.86	0.04
黑龙江	7.72	4.29	0.21	3.43	0.02
辽宁	7.47	6.72	0.22	0.75	0.02
吉林	6.07	4.00	0.18	2.07	0.03
江西	5.42	4.17	0.20	1.25	0.03
广西	5.08	3.07	0.20	2.01	0.02
重庆	4.17	2.96	0.16	1.21	0.02
贵州	3.77	2.61	0.33	1.17	0.03
甘肃	2.81	1.76	0.18	1.05	0.02
山西	2.75	2.00	0.13	0.75	0.02
云南	2.68	2.20	0.17	0.48	0.02
内蒙古	2.45	2.11	0.18	0.33	0.01
新疆	1.34	0.31	0.03	1.02	0.05
宁夏	0.69	0.51	0.13	0.19	0.02
青海	0.41	0.05	0.01	0.36	0.04
海南	0.36	0.29	0.15	0.06	0.01
新疆兵团	0.32	0.27	0.05	0.05	0.01
西藏	0.12	0.12	0.12	0	0

2019 年，单位孵化器在孵企业研发总投入全国平均值为 0.14 亿元，全国有 26 个省份单位国家级孵化器在孵企业研发总投入在全国平均值以上（图 3－10）。

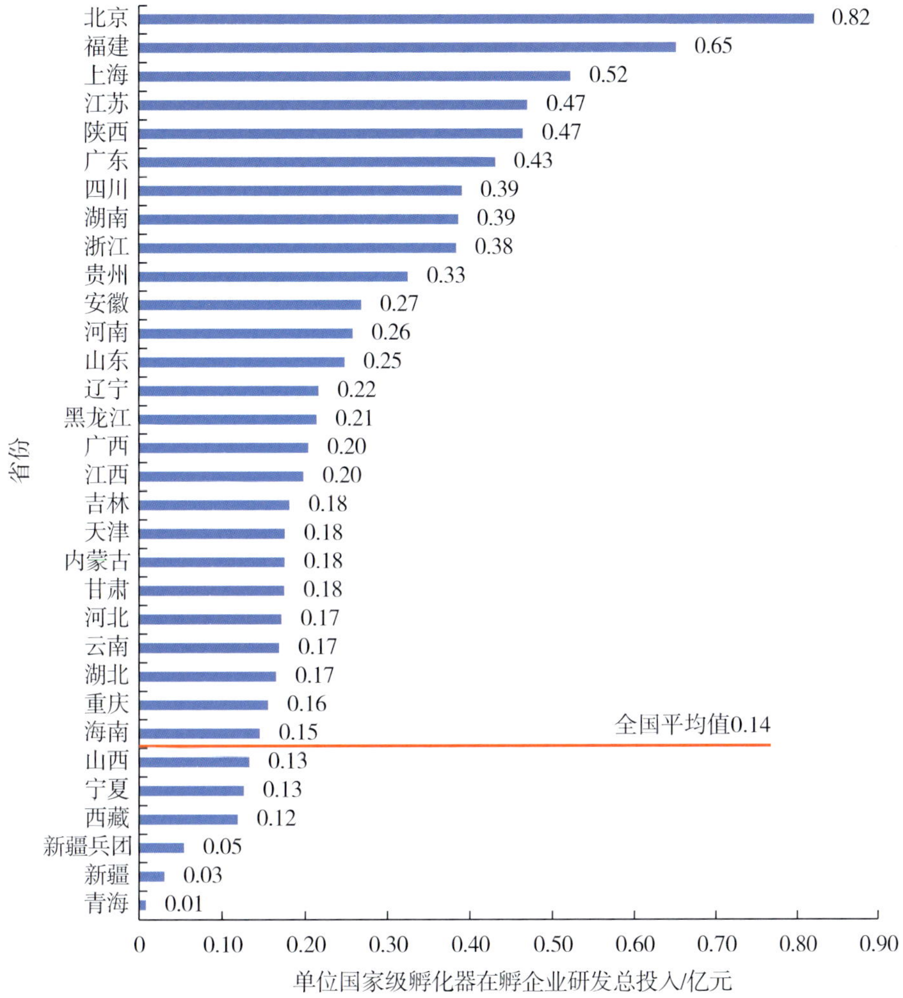

图 3-10 2019 年各省份单位国家级孵化器在孵企业研发总投入

六、科技创新成果成效显著

2015—2019 年，我国科技企业孵化器在孵企业拥有有效知识产权数量历年不断增长，从 2015 年的 15.54 万件增长到 2019 年的 56.30 万件，2019 年在孵企业拥有有效知识产权数量是 2015 年的 3 倍有余，2019 年较 2018 年同比增长 27.70%。

2015—2019 年，国家级孵化器在孵企业拥有有效知识产权数量历年不断增长，从 2015 年的 10.98 万件增长到 2019 年的 33.74 万件，2019 年，在孵企业拥有有效知识产权数量是 2015 年的 3 倍有余，2019 年较 2018 年同比增长 33.00%，有效知识产权数量再创新高。2019 年，国家级孵化器在孵企业拥有有效知识产权数量为 33.74 万件，非国家级孵化器在孵企业拥有有效知识产权数量为 22.56 万件（表 3-11）。

表 3-11　孵化器在孵企业拥有有效知识产权数量（2015—2019 年）

单位：件

年份	在孵企业拥有有效知识产权数量	国家级		非国家级	
		在孵企业拥有有效知识产权数量	单位孵化器在孵企业拥有有效知识产权数量	在孵企业拥有有效知识产权数量	单位孵化器在孵企业拥有有效知识产权数量
2015	155 369	109 750	149.73	45 619	25.34
2016	223 129	147 795	171.26	75 334	31.49
2017	308 139	201 114	203.56	107 025	34.74
2018	440 881	253 706	258.88	187 175	48.38
2019	563 016	337 431	286.69	225 585	55.99

2015—2019 年，单位国家级孵化器在孵企业拥有有效知识产权数量是非国家级孵化器的 5 倍左右，孵化成绩优异（图 3-11）。

图 3-11　单位孵化器在孵企业拥有有效知识产权数量（2015—2019 年）

从全国范围来看，2019 年孵化器在孵企业拥有有效知识产权数量排名前 10 位的省份分别是江苏、广东、北京、浙江、山东、上海、河南、陕西、湖北、湖南，排名前 10 位省份在孵企业拥有有效知识产权数量占全部孵化器在孵企业拥有有效知识产权数量的 77.91%。从 2019 年各省份国家级孵化器在孵企业拥有有效知识产权数量来看，排名前 10 位的省份分别是江苏、广东、北京、山东、浙江、河南、上海、湖北、湖南、安徽，在孵企业拥有有效知识产权数量占全部国家级孵化器在孵企业拥有有效知识产权数量的 77.29%（表 3-12）。

表 3-12　2019 年各省份孵化器在孵企业拥有有效知识产权数量

单位：件

省份	在孵企业拥有有效知识产权数量	国家级		非国家级	
		在孵企业拥有有效知识产权数量	单位孵化器在孵企业拥有有效知识产权数量	在孵企业拥有有效知识产权数量	单位孵化器在孵企业拥有有效知识产权数量
江苏	111 929	65 827	327.50	46 102	73.06
广东	104 325	47 909	317.28	56 416	65.45
北京	49 708	38 722	634.79	10 986	159.22
浙江	34 565	19 167	230.93	15 398	54.99
山东	32 443	23 287	237.62	9156	35.22
上海	26 103	16 003	285.77	10 100	84.87
河南	24 854	16 451	373.89	8403	68.32
陕西	18 815	9243	264.09	9572	110.02
湖北	18 646	11 850	219.44	6796	41.95
湖南	17 252	11 071	461.29	6181	95.09
四川	16 538	9206	263.03	7332	55.13
安徽	15 826	10 508	328.38	5318	38.54
河北	13 955	7801	236.39	6154	28.23
福建	12 677	6612	413.25	6065	50.97
江西	7798	3780	180.00	4018	98.00
天津	7779	5692	158.11	2087	46.38
辽宁	7406	6516	210.19	890	24.72
吉林	5941	3623	164.68	2318	32.65
重庆	5597	3197	168.26	2400	41.38
广西	5209	3445	229.67	1764	19.38
山西	5105	3016	201.07	2089	44.45
黑龙江	4365	2877	143.85	1488	9.19
云南	4038	3224	248.00	814	30.15
贵州	3047	2335	291.88	712	20.94
内蒙古	2744	2165	180.42	579	15.24
甘肃	1913	1120	112.00	793	11.49
新疆	1708	757	75.70	951	50.05

续表

省份	在孵企业拥有有效知识产权数量	国家级		非国家级	
		在孵企业拥有有效知识产权数量	单位孵化器在孵企业拥有有效知识产权数量	在孵企业拥有有效知识产权数量	单位孵化器在孵企业拥有有效知识产权数量
海南	961	566	283.00	395	65.83
宁夏	953	878	219.50	75	6.82
青海	542	354	59.00	188	23.50
新疆兵团	146	101	20.20	45	11.25
西藏	128	128	128.00	0	0

2019 年，单位孵化器在孵企业拥有有效知识产权数量全国平均值为 108.15 件，全国有 29 个省份单位国家级孵化器在孵企业拥有有效知识产权数量在全国平均值以上（图 3－12）。

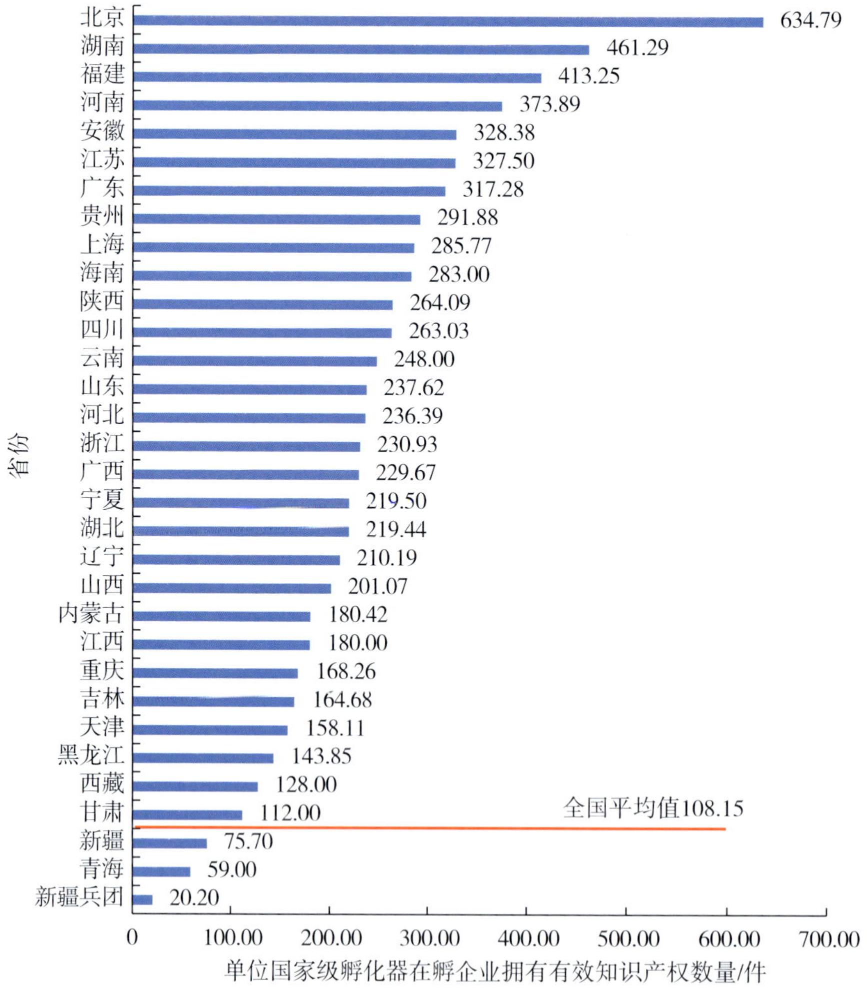

图 3－12　2019 年各省份单位国家级孵化器在孵企业拥有有效知识产权数量

七、优秀创业企业规模扩大

2015—2019 年，国家级孵化器年上市（挂牌）企业数量从 2015 年的 338 家增长到 2019 年的 634 家（表 3－13）。

表 3－13　孵化器上市（挂牌）企业数量及占毕业企业比例（2015—2019 年）

年份	上市（挂牌）企业数量 / 家	国家级		非国家级	
		上市（挂牌）企业数量 / 家	上市（挂牌）企业占毕业企业比例	上市（挂牌）企业数量 / 家	上市（挂牌）企业占毕业企业比例
2015	463	338	0.62%	125	0.62%
2016	985	669	1.05%	316	1.23%
2017	1013	615	0.81%	398	1.16%
2018	952	524	0.62%	428	0.79%
2019	971	634	0.64%	337	0.55%

从上市（挂牌）企业占毕业企业比例情况来看，2015—2019 年国家级孵化器上市（挂牌）企业占毕业企业比例经历了先增后降的过程，从 2015 年的 0.62% 增长到 2016 年的 1.05%，再波动下降到 2019 年的 0.64%，但 2019 年较 2015 年占比整体有所增长（图 3－13）。

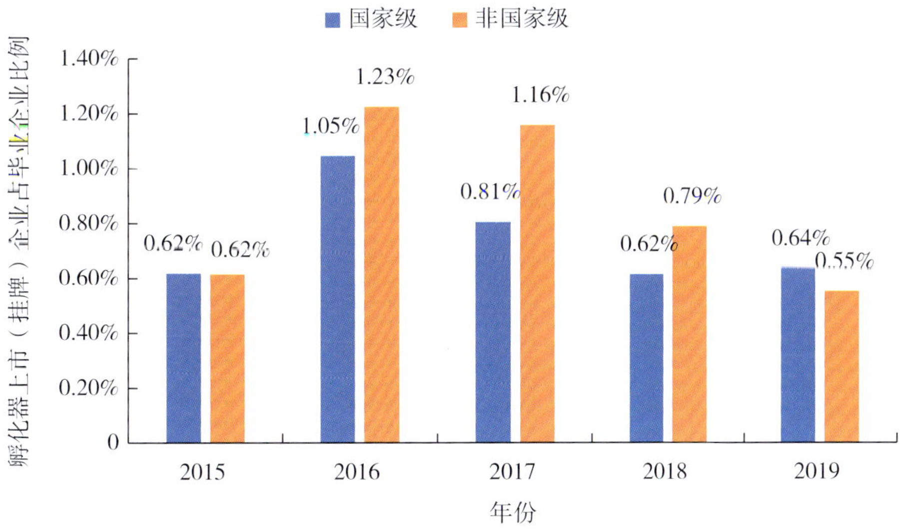

图 3－13　孵化器上市（挂牌）企业占毕业企业比例（2015—2019 年）

从全国范围来看，2019 年孵化器上市（挂牌）企业数量排名前 10 位的省份分别是广东、江苏、北京、河南、安徽、四川、湖北、浙江、山东、陕西，排名前 10 位省份上市（挂牌）企业数量占全部孵化器上市（挂牌）企业数量的 83.83%。从 2019 年国家级孵化器上市（挂牌）企业数量来看，排名前 10 位的省份分别是北京、江苏、广东、安徽、四川、河南、湖北、浙江、山东、上海，上市（挂牌）企业数量占全部国家级孵化器上市（挂牌）企业数量的 87.38%（表 3–14）。

表 3–14 2019 年各省份孵化器上市（挂牌）企业数量及占毕业企业比例

省份	上市（挂牌）企业数量 / 家	国家级		非国家级	
		上市（挂牌）企业数量 / 家	上市（挂牌）企业占毕业企业比例	上市（挂牌）企业数量 / 家	上市（挂牌）企业占毕业企业比例
广东	126	76	0.74%	50	0.59%
江苏	110	80	0.47%	30	0.33%
北京	109	86	0.98%	23	0.36%
河南	107	49	1.20%	58	2.21%
安徽	79	63	2.58%	16	1.25%
四川	77	61	1.96%	16	0.68%
湖北	76	48	0.98%	28	0.80%
浙江	61	44	0.53%	17	0.31%
山东	45	30	0.33%	15	0.42%
陕西	24	7	0.22%	17	1.06%
辽宁	21	4	0.13%	17	1.72%
山西	20	5	0.50%	3	1.45%
上海	20	17	0.57%	15	0.35%
天津	15	13	0.58%	2	0.83%
福建	14	8	0.37%	6	0.38%
重庆	13	4	0.26%	9	0.75%
广西	10	9	0.60%	1	0.22%
宁夏	10	7	2.78%	3	2.22%
湖南	9	9	0.35%	0	0
河北	7	3	0.13%	4	0.20%
江西	6	5	0.35%	1	0.08%
黑龙江	4	4	0.20%	0	0
新疆	4	1	0.21%	3	0.89%
内蒙古	3	0	0	3	0.28%
吉林	1	1	0.07%	0	0
海南	0	0	0	0	0
贵州	0	0	0	0	0

续表

省份	上市（挂牌）企业数量 / 家	国家级		非国家级	
		上市（挂牌）企业数量 / 家	上市（挂牌）企业占毕业企业比例	上市（挂牌）企业数量 / 家	上市（挂牌）企业占毕业企业比例
云南	0	0	0	0	0
西藏	0	0	0	0	0
甘肃	0	0	0	0	0
青海	0	0	0	0	0
新疆兵团	0	0	0	0	0

2019 年，孵化器上市（挂牌）企业占毕业企业比例全国平均值为 0.60%，全国有 8 个省份国家级孵化器上市（挂牌）企业占毕业企业比例达到或超过全国平均值（图 3–14）。

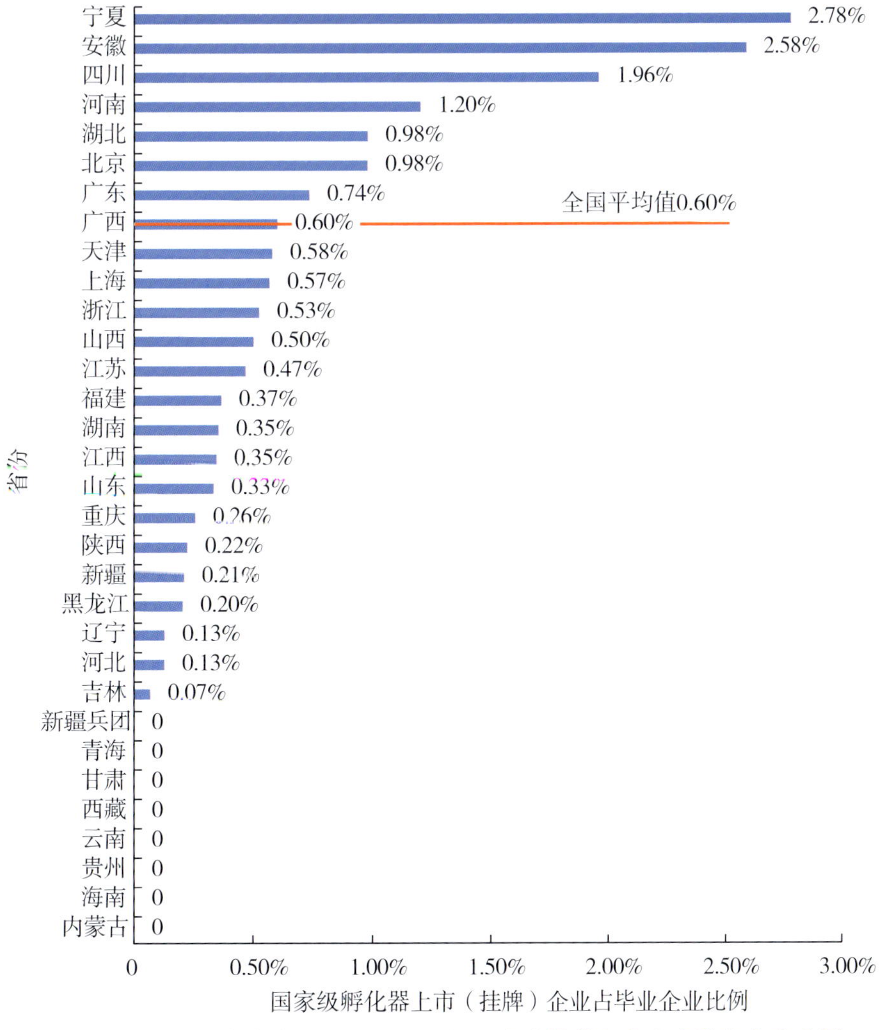

图 3–14　2019 年各省份国家级孵化器上市（挂牌）企业占毕业企业比例

从销售收入超 5000 万元企业数量来看，2015—2019 年我国科技企业孵化器销售收入超 5000 万元企业数量历年不断增长，从 2015 年的 1750 家增长到 2019 年的 3729 家，2019 年较 2018 年同比增长了 13.97%。

2015—2019 年，国家级孵化器销售收入超 5000 万元企业数量同样呈现历年不断增长态势，2019 年较 2015 年增长了 94.30%，2019 年较 2018 年同比增长了 18.15%，达到新高。2019 年，国家级孵化器销售收入超 5000 万元企业数量为 2728 家，非国家级孵化器销售收入超 5000 万元企业数量为 1001 家（表 3-15）。

表 3-15　孵化器销售收入超 5000 万元企业数量及占毕业企业比例（2015—2019 年）

年份	销售收入超 5000 万元企业数量 / 家	国家级		非国家级	
		销售收入超 5000 万元企业数量 / 家	销售收入超 5000 万元企业占毕业企业比例	销售收入超 5000 万元企业数量 / 家	销售收入超 5000 万元企业占毕业企业比例
2015	1750	1404	2.57%	346	1.70%
2016	2191	1758	2.75%	433	1.68%
2017	2816	2149	2.81%	667	1.94%
2018	3272	2309	2.71%	963	1.77%
2019	3729	2728	2.73%	1001	1.64%

从销售收入超 5000 万元企业占毕业企业比例情况来看，2015—2019 年销售收入超 5000 万元企业占毕业企业比例经历了先增后降的过程，从 2015 年的 2.57% 增长到 2017 年的 2.81%，再波动下降到 2019 年的 2.73%，但 2019 年较 2015 年占比整体有所增长（图 3-15）。

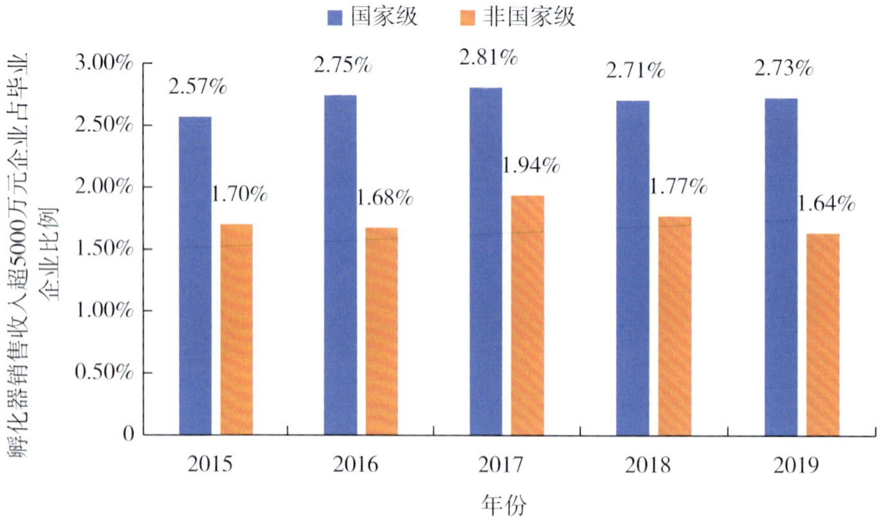

图 3-15　孵化器销售收入超 5000 万元企业占毕业企业比例（2015—2019 年）

从全国范围来看，2019年孵化器销售收入超5000万元企业数量排名前10位的省份分别是江苏、广东、山东、浙江、河南、湖南、四川、上海、福建、北京，排名前10位省份销售收入超5000万元企业数量占全部销售收入超5000万元企业数量的78.36%。从2019年国家级孵化器销售收入超5000万元企业数量来看，排名前10位的省份分别是江苏、广东、山东、浙江、河南、福建、上海、北京、陕西、江西，占全部国家级销售收入超5000万元企业数量的77.09%（表3-16）。

表3-16　2019年各省份孵化器销售收入超5000万元企业数量及占毕业企业比例

省份	销售收入超5000万元企业数量/家	国家级		非国家级	
		销售收入超5000万元企业数量/家	销售收入超5000万元企业占毕业企业比例	销售收入超5000万元企业数量/家	销售收入超5000万元企业占毕业企业比例
江苏	894	642	3.77%	252	2.75%
广东	579	389	3.77%	190	2.23%
山东	261	226	2.52%	35	0.98%
浙江	251	186	2.23%	65	1.17%
河南	207	156	3.83%	51	1.95%
湖南	189	85	3.35%	104	6.29%
四川	152	84	2.70%	68	2.90%
上海	144	106	3.55%	38	4.46%
福建	123	115	5.28%	8	0.50%
北京	122	100	1.14%	22	0.35%
湖北	111	72	1.47%	39	1.11%
陕西	110	97	3.10%	13	0.81%
安徽	90	75	3.08%	15	1.17%
江西	90	86	5.96%	4	0.33%
河北	75	67	2.84%	8	0.39%
天津	65	59	2.64%	6	2.48%
广西	43	28	1.87%	15	3.28%
吉林	40	37	2.51%	3	0.47%
辽宁	37	25	0.80%	12	1.22%

续表

省份	销售收入超5000万元企业数量/家	国家级		非国家级	
		销售收入超5000万元企业数量/家	销售收入超5000万元企业占毕业企业比例	销售收入超5000万元企业数量/家	销售收入超5000万元企业占毕业企业比例
山西	26	19	1.91%	7	0.68%
新疆	24	16	3.37%	8	2.38%
重庆	21	12	0.77%	9	0.75%
贵州	17	11	2.20%	6	2.08%
内蒙古	11	9	1.08%	2	0.19%
黑龙江	11	2	0.10%	9	0.65%
云南	11	9	0.85%	2	0.56%
甘肃	10	6	1.17%	4	0.47%
新疆兵团	6	0	0	6	7.41%
西藏	4	4	6.67%	0	0
宁夏	3	3	1.19%	0	0
青海	2	2	0.51%	0	0
海南	0	0	0	0	0

2019年，孵化器销售收入超5000万元企业占毕业企业比例全国平均值为2.32%，全国有16个省份国家级孵化器销售收入超5000万元企业占毕业企业比例在全国平均值以上（图3-16）。

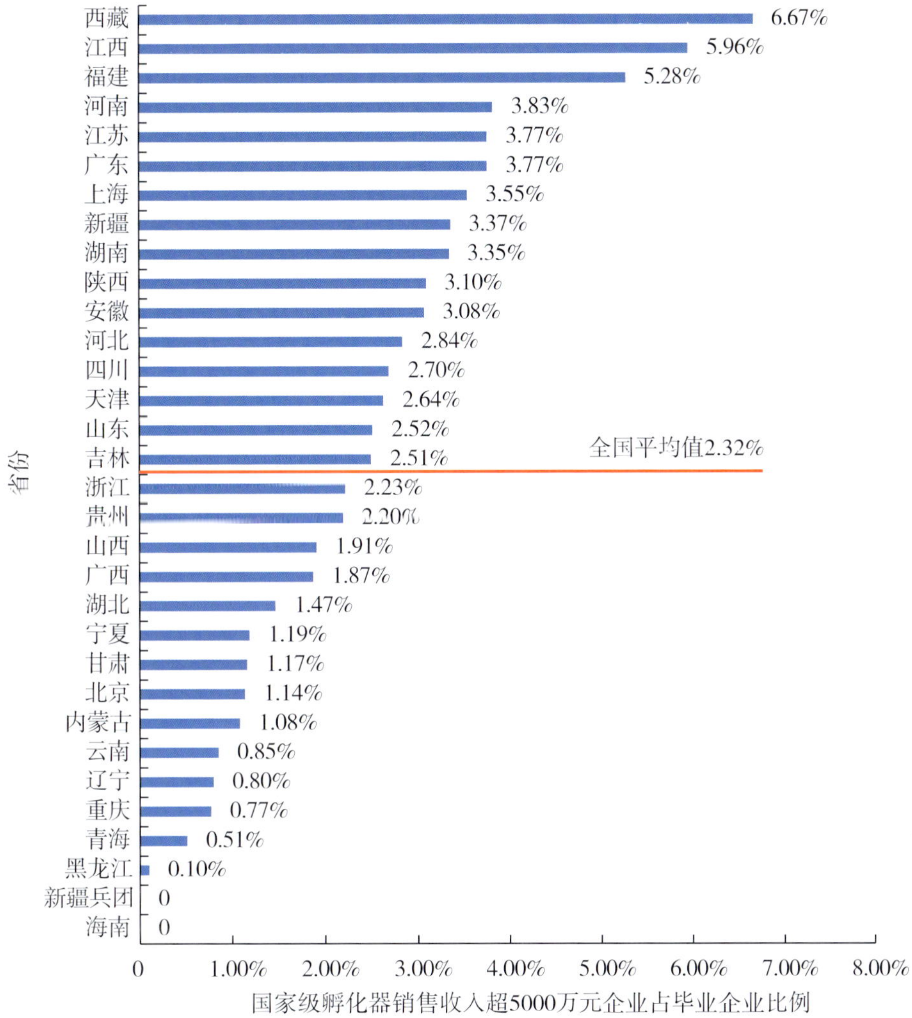

图 3-16　2019 年各省份国家级孵化器销售收入超 5000 万元企业占毕业企业比例

八、优质就业机会稳定供给

2015—2019 年，我国科技企业孵化器在孵企业吸纳大专以上人员就业人数历年不断增长，从 2015 年的 127.17 万人增长到 2019 年的 231.37 万人，增长了 81.93%，2019 年较 2018 年同比增长 2.68%。

2015—2019 年，国家级孵化器在孵企业吸纳大专以上人员就业人数整体不断增长，从 2015 年的 85.00 万人增长到 2019 年的 120.64 万人，增长了 41.93%，2019 年较 2018 年同比增加 7.98%。2019 年，非国家级孵化器在孵企业吸纳大专以上人员就业人数为 110.73 万人（表 3-17）。

从单位孵化器情况来看，2015—2019 年单位国家级孵化器在孵企业吸纳大专以上人员就业人数历年高于非国家级孵化器，数量是非国家级孵化器的 3 倍以上（图 3-17）。

表 3-17　孵化器在孵企业吸纳大专以上人员就业人数（2015—2019 年）

单位：人

年份	在孵企业吸纳大专以上人员就业人数	国家级		非国家级	
		在孵企业吸纳大专以上人员就业人数	单位孵化器在孵企业吸纳大专以上人员就业人数	在孵企业吸纳大专以上人员就业人数	单位孵化器在孵企业吸纳大专以上人员就业人数
2015	1 271 712	849 962	1159.57	421 750	234.31
2016	1 637 251	984 209	1140.45	653 042	273.01
2017	2 014 421	1 132 486	1146.24	881 935	286.25
2018	2 253 381	1 117 208	1140.01	1 136 173	293.66
2019	2 313 669	1 206 393	1024.97	1 107 276	274.83

图 3-17　单位孵化器在孵企业吸纳大专以上人员就业人数（2015—2019 年）

从全国范围来看，2019 年孵化器在孵企业吸纳大专以上人员就业人数排名前 10 位的省份分别是江苏、广东、浙江、山东、北京、河南、湖北、四川、湖南、河北，排名前 10 位省份在孵企业吸纳大专以上人员就业人数占孵化器全部在孵企业吸纳大专以上人员就业人数的 71.22%。从 2019 年各省份国家级孵化器在孵企业吸纳大专以上人员就业人数来看，排名前 10 位的省份分别是江苏、广东、北京、山东、浙江、河南、湖北、陕西、上海、湖南，在孵企业吸纳大专以上人员就业人数占国家级孵化器全部在孵企业吸纳大专以上人员就业人数的 71.27%（表 3-18）。

2019 年，单位孵化器在孵企业吸纳大专以上人员就业人数全国平均值为 444.42 人，全国有 30 个省份单位国家级孵化器在孵企业吸纳大专以上人员就业人数在全国平均值以上（图 3-18）。

表 3-18 2019 年各省份孵化器在孵企业吸纳大专以上人员就业人数

单位：人

省份	在孵企业吸纳大专以上人员就业人数	国家级		非国家级	
		在孵企业吸纳大专以上人员就业人数	单位孵化器在孵企业吸纳大专以上人员就业人数	在孵企业吸纳大专以上人员就业人数	单位孵化器在孵企业吸纳大专以上人员就业人数
江苏	408 240	216 489	1077.06	191 751	303.88
广东	323 268	126 464	837.51	196 804	228.31
浙江	153 378	71 904	866.31	81 474	290.98
山东	153 155	87 062	888.39	66 093	254.20
北京	147 866	106 052	1738.56	41 814	606.00
河南	119 359	71 670	1628.86	47 689	387.72
湖北	112 351	53 738	995.15	58 613	361.81
四川	78 412	37 859	1081.69	40 553	304.91
湖南	76 843	39 457	1644.04	37 386	575.17
河北	75 006	33 213	1006.45	41 793	191.71
上海	74 361	42 109	751.95	32 252	271.03
陕西	70 009	44 908	1283.09	25 101	288.52
安徽	57 517	27 544	860.75	29 973	217.20
天津	51 349	36 417	1011.58	14 932	331.82
江西	46 768	26 844	1278.29	19 924	485.95
辽宁	45 444	34 198	1103.16	11 246	312.39
黑龙江	44 488	15 434	771.70	29 054	179.35
吉林	41 790	18 788	854.00	23 002	323.97
福建	38 963	17 471	1091.94	21 492	180.61
山西	29 436	11 340	756.00	18 096	385.02
重庆	28 885	13 198	694.63	15 687	270.47
广西	27 583	14 329	955.27	13 254	145.65
甘肃	21 803	8547	854.70	13 256	192.12
内蒙古	20 471	11 905	992.08	8566	225.42
云南	19 467	11 980	921.54	7487	277.30
贵州	14 626	8904	1113.00	5722	168.29

续表

省份	在孵企业吸纳大专以上人员就业人数	国家级		非国家级	
		在孵企业吸纳大专以上人员就业人数	单位孵化器在孵企业吸纳大专以上人员就业人数	在孵企业吸纳大专以上人员就业人数	单位孵化器在孵企业吸纳大专以上人员就业人数
新疆	13 946	6944	694.40	7002	368.53
海南	5716	3727	1863.50	1989	331.50
新疆兵团	4771	2872	574.40	1899	474.75
青海	4537	3061	510.17	1476	184.50
宁夏	3533	1637	409.25	1896	172.36
西藏	328	328	328.00	0	0

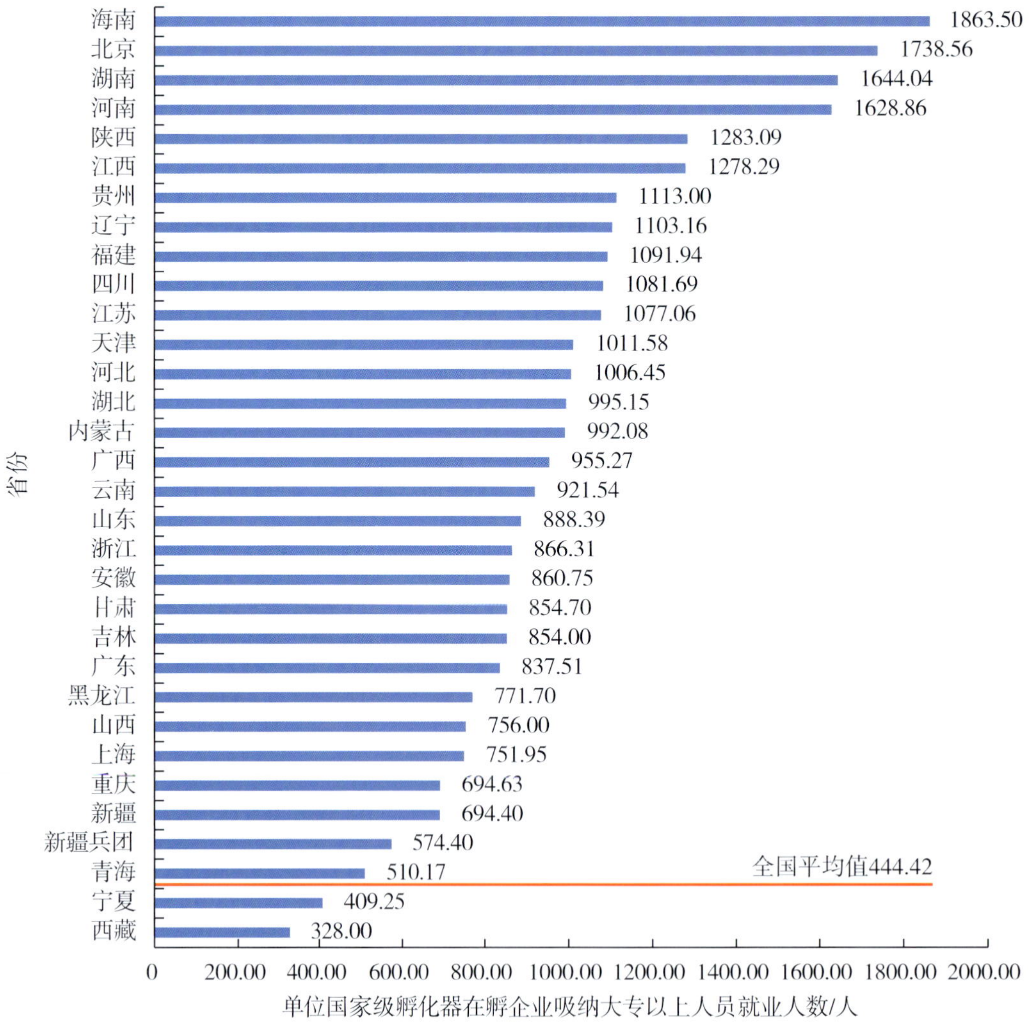

图 3-18 2019 年各省份单位国家级孵化器在孵企业吸纳大专以上人员就业人数

第4章

国家级孵化器可持续发展

一、孵化载体经济效益可观

2015—2019 年我国科技企业孵化器总收入历年不断增长，从 2015 年的 316.85 亿元增长到 2019 年的 449.87 亿元，累计增长 41.98%，2019 年总收入较 2018 年出现小幅回落。

2015—2019 年国家级孵化器总收入整体增幅显著，从 2015 年的 121.70 亿元增长到 2019 年的 190.55 亿元，增长了 56.57%，2019 年较 2018 年同比增长 11.77%，总收入再创新高。2019 年非国家级孵化器总收入呈现波动态势，较 2018 年出现下降，总收入为 259.32 亿元（表 4-1）。

表 4-1　孵化器总收入（2015—2019 年）

单位：万元

年份	孵化器总收入	国家级		非国家级	
		孵化器总收入	单位孵化器总收入	孵化器总收入	单位孵化器总收入
2015	3 168 521.74	1 217 012.61	1660.32	1 951 509.13	1084.17
2016	3 082 043.81	1 238 073.15	1434.62	1 843 970.66	770.89
2017	3 667 649.47	1 526 769.29	1545.31	2 140 880.17	694.87
2018	4 507 149.83	1 704 946.78	1739.74	2 802 203.05	724.27
2019	4 498 682.76	1 905 513.43	1618.96	2 593 169.34	643.63

从单位孵化器情况来看，2015—2019 年单位国家级孵化器总收入都高于非国家级孵化器，国家级孵化器整体表现好于非国家级孵化器，孵化器可持续发展能力不断强化（图 4-1）。

从全国范围来看，2019 年孵化器总收入排名前 10 位的省份分别是广东、江苏、北京、浙江、上海、山东、陕西、四川、河北、湖北，排名前 10 位省份的总收入占全部孵化器总收入的 78.46%。从 2019 年各省份国家级孵化器总收入来看，排名前 10 位的省份分别是江苏、广东、北京、浙江、陕西、上海、山东、四川、贵州、湖北，总收入占全部国家级孵化器总收入的 77.56%（表 4-2）。

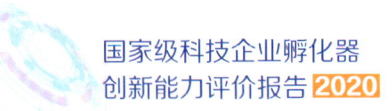

图 4-1　单位孵化器总收入（2015—2019 年）

表 4-2　2019 年各省份孵化器总收入

单位：万元

省份	孵化器总收入	国家级		非国家级	
		孵化器总收入	单位孵化器总收入	孵化器总收入	单位孵化器总收入
广东	1 075 019.99	281 480.24	1864.11	793 539.75	920.58
江苏	757 551.71	304 900.49	1516.92	452 651.22	717.36
北京	453 256.96	254 650.93	4174.61	198 606.03	2878.35
浙江	310 620.26	117 227.41	1412.38	193 392.85	690.69
上海	205 527.77	102 533.99	1830.96	102 993.78	865.49
山东	169 597.52	98 868.17	1008.86	70 729.35	272.04
陕西	145 713.38	104 850.42	2995.73	40 862.95	469.69
四川	143 076.15	74 646.14	2132.75	68 430.01	514.51
河北	138 171.07	20 853.97	631.94	117 317.10	538.15
湖北	131 153.43	65 826.09	1219.00	65 327.34	403.26
贵州	91 237.31	72 928.36	9116.05	18 308.95	538.50
福建	87 448.11	39 374.31	2460.89	48 073.80	403.98
河南	83 839.50	34 165.67	776.49	49 673.83	403.85
湖南	78 532.05	40 650.56	1693.77	37 881.49	582.79

续表

省份	孵化器总收入	国家级		非国家级	
		孵化器总收入	单位孵化器总收入	孵化器总收入	单位孵化器总收入
山西	74 222.89	28 259.40	1883.96	45 963.49	977.95
江西	64 576.06	36 399.91	1733.33	28 176.15	687.22
安徽	55 855.62	19 725.53	616.42	36 130.09	261.81
吉林	51 204.03	32 431.66	1474.17	18 772.37	264.40
甘肃	47 589.73	17 259.35	1725.94	30 330.38	439.57
辽宁	47 356.96	37 316.85	1203.77	10 040.11	278.89
黑龙江	42 450.02	14 504.57	725.23	27 945.45	172.50
内蒙古	41 729.52	17 492.79	1457.73	24 236.73	637.81
天津	40 928.56	24 465.91	679.61	16 462.65	365.84
广西	39 051.14	14 400.48	960.03	24 650.66	270.89
重庆	30 784.56	13 848.12	728.85	16 936.44	292.01
新疆	25 053.30	13 925.50	1392.55	11 127.80	585.67
青海	21 350.78	10 076.43	1679.40	11 274.35	1409.29
新疆兵团	17 109.98	1044.25	208.85	16 065.73	4016.43
云南	16 746.48	7734.01	594.92	9012.47	333.80
海南	6815.98	521.46	260.73	6294.52	1049.09
宁夏	5111.96	3150.48	787.62	1961.48	178.32
西藏	0	0	0	0	0

2019 年，单位孵化器总收入全国平均值为 864.13 万元，全国有 21 个省份单位国家级孵化器总收入在全国平均值以上（图 4-2）。

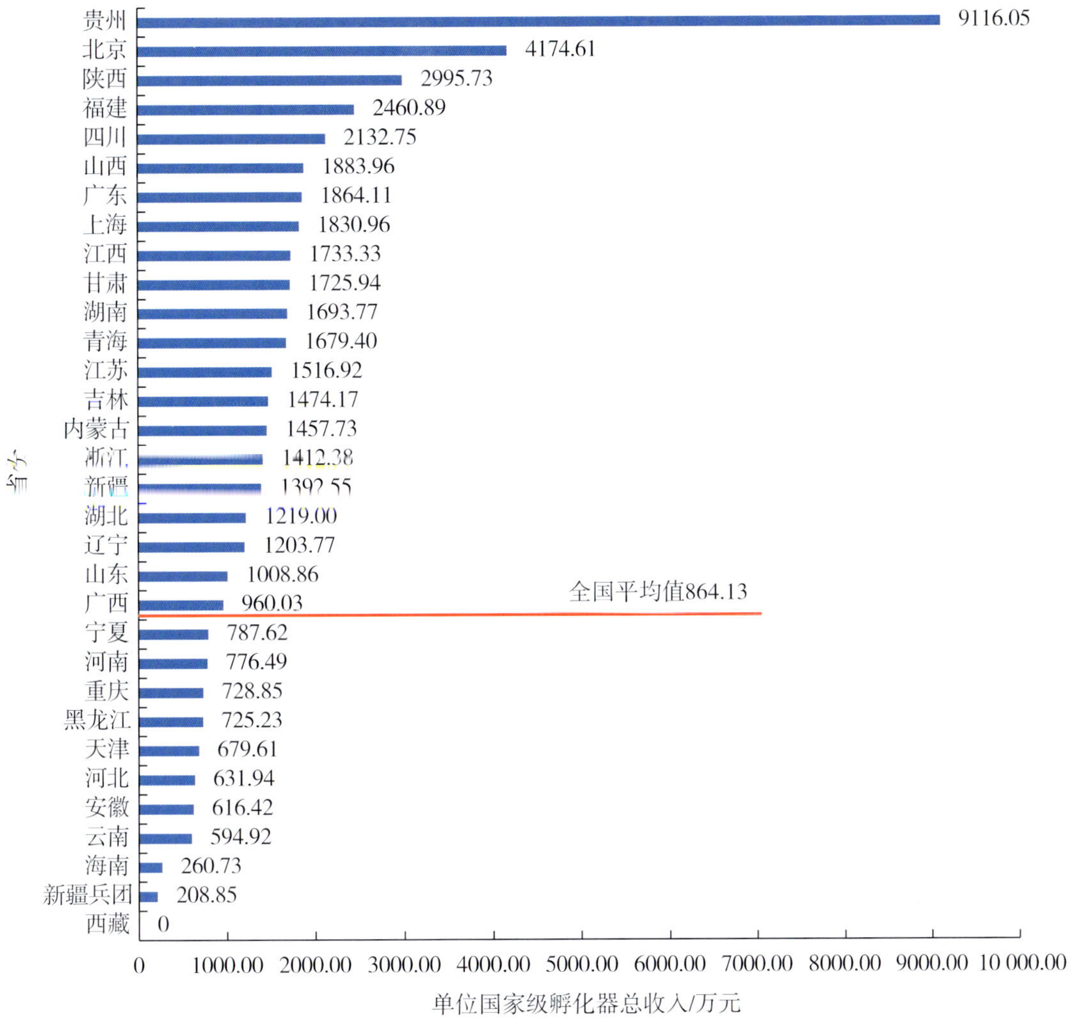

图 4-2　2019 年各省份单位国家级孵化器总收入

二、综合服务营收能力优良

2015—2019 年我国科技企业孵化器综合服务收入 2015 年为 111.68 亿元，2019 年为 127.84 亿元，2019 年较 2015 年增长了 14.47%。

2015—2019 年国家级孵化器综合服务收入整体增幅显著，从 2015 年的 40.75 亿元增长到 2019 年的 58.04 亿元，增长了 42.43%，2019 年较 2018 年同比增长 14.61%，综合服务收入再创新高，2019 年国家级孵化器综合服务收入为统计期间最高值；非国家级孵化器综合服务收入则呈现先增后降趋势，2019 年非国家级孵化器综合服务收入较 2018 年出现下降，综合服务收入为 69.8 亿元（表 4-3）。

表 4-3　孵化器综合服务收入（2015—2019 年）

单位：万元

年份	综合服务收入	国家级		非国家级	
		综合服务收入	单位孵化器综合服务收入	综合服务收入	单位孵化器综合服务收入
2015	1 116 776.52	407 483.85	555.91	709 292.66	394.05
2016	1 167 525.97	441 730.27	511.85	725 795.71	303.43
2017	1 411 459.94	552 853.16	559.57	858 606.78	278.68
2018	1 306 132.60	506 368.78	516.70	799 763.82	206.71
2019	1 278 438.86	580 426.19	493.14	698 012.67	173.25

从单位孵化器情况来看，2015—2019 年单位国家级孵化器综合收入都高于非国家级孵化器，国家级孵化器整体表现好于非国家级孵化器，表明国家级孵化器孵化服务更全面和成熟（图 4-3）。

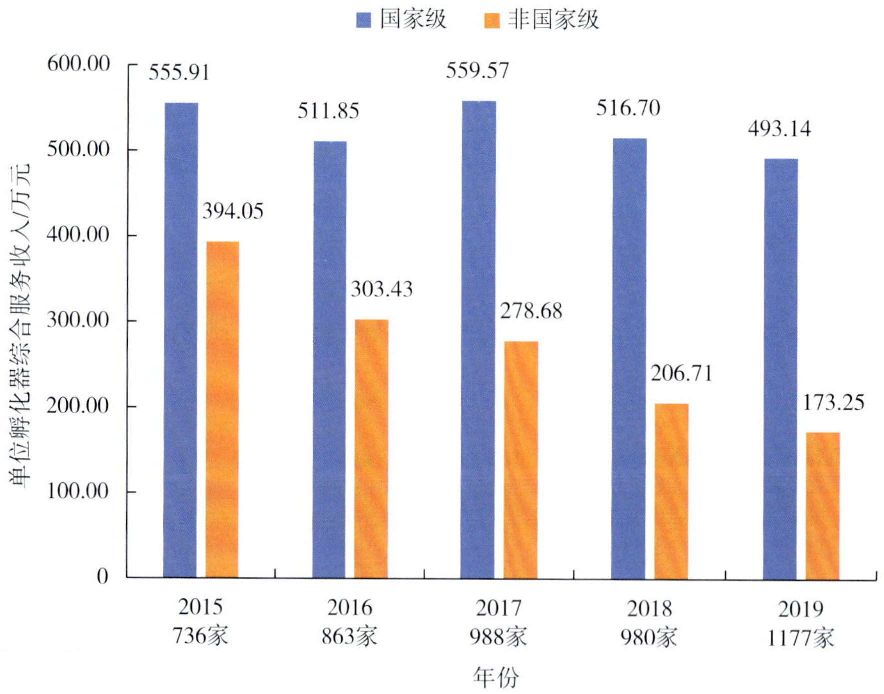

图 4-3　单位孵化器综合服务收入（2015—2019 年）

从全国范围来看，2019 年孵化器综合服务收入排名前 10 位的省份分别是江苏、广东、北京、河北、浙江、陕西、上海、四川、山东、江西，前 10 位省份综合服务收入占全部孵化器综合服务收入的 75.15%。从 2019 年各省份国家级孵化器综合服务收入来看，排名前 10 位的省份分别是江苏、北京、广东、陕西、浙江、上海、四川、湖北、山东、江西，综合服务收入占全部国家级孵化器综合服务收入的 76.60%（表 4–4）。

表 4–4　2019 年各省份孵化器综合服务收入

单位：万元

省份	综合服务收入	国家级		非国家级	
		综合服务收入	单位孵化器综合服务收入	综合服务收入	单位孵化器综合服务收入
江苏	260 350.30	97 562.82	485.39	162 787.48	257.98
广东	186 400.10	51 070.61	338.22	135 329.52	156.99
北京	112 731.40	64 545.65	1058.13	48 185.76	698.34
河北	75 344.71	3398.48	102.98	71 946.23	330.03
浙江	69 525.71	38 119.83	459.28	31 405.88	112.16
陕西	59 048.37	45 335.24	1295.29	13 713.13	157.62
上海	55 730.31	35 983.26	642.56	19 747.05	165.94
四川	53 991.20	31 627.56	903.64	22 363.64	168.15
山东	48 621.79	28 343.05	289.21	20 278.74	78.00
江西	38 939.93	22 616.74	1076.99	16 323.19	398.13
湖北	36 779.22	29 387.12	544.21	7392.10	45.63
山西	31 709.70	2104.76	140.32	29 604.94	629.89
贵州	25 501.55	16 950.56	2118.82	8550.99	251.50
河南	25 274.20	12 666.44	287.87	12 607.76	102.50
辽宁	24 552.24	22 105.34	713.08	2446.90	67.97
湖南	22 395.43	14 493.35	603.89	7902.08	121.57
安徽	18 975.91	6413.81	200.43	12 562.10	91.03
甘肃	18 458.97	9793.03	979.30	8665.94	125.59
福建	18 032.99	6122.91	382.68	11 910.08	100.08
内蒙古	16 642.19	5734.15	477.85	10 908.04	287.05
广西	14 569.29	5203.68	346.91	9365.61	102.92
黑龙江	12 278.99	4840.05	242.00	7438.94	45.92
吉林	12 265.88	6791.27	308.69	5474.61	77.11
天津	10 848.50	7770.37	215.84	3078.13	68.40
重庆	9192.97	4317.32	227.23	4875.65	84.06
云南	6350.63	3107.27	239.02	3243.36	120.12
青海	6018.17	737.49	122.92	5280.68	660.08

续表

省份	综合服务收入	国家级		非国家级	
		综合服务收入	单位孵化器综合服务收入	综合服务收入	单位孵化器综合服务收入
新疆	3566.29	589.55	58.96	2976.74	156.67
宁夏	2550.10	2165.21	541.30	384.89	34.99
新疆兵团	1215.31	494.14	98.83	721.17	180.29
海南	576.49	35.12	17.56	541.37	90.23
西藏	0	0	0	0	0

2019 年，单位孵化器综合服务收入全国平均值为 245.57 万元，全国有 20 个省份单位国家级孵化器综合服务收入在全国平均值以上（图 4–4）。

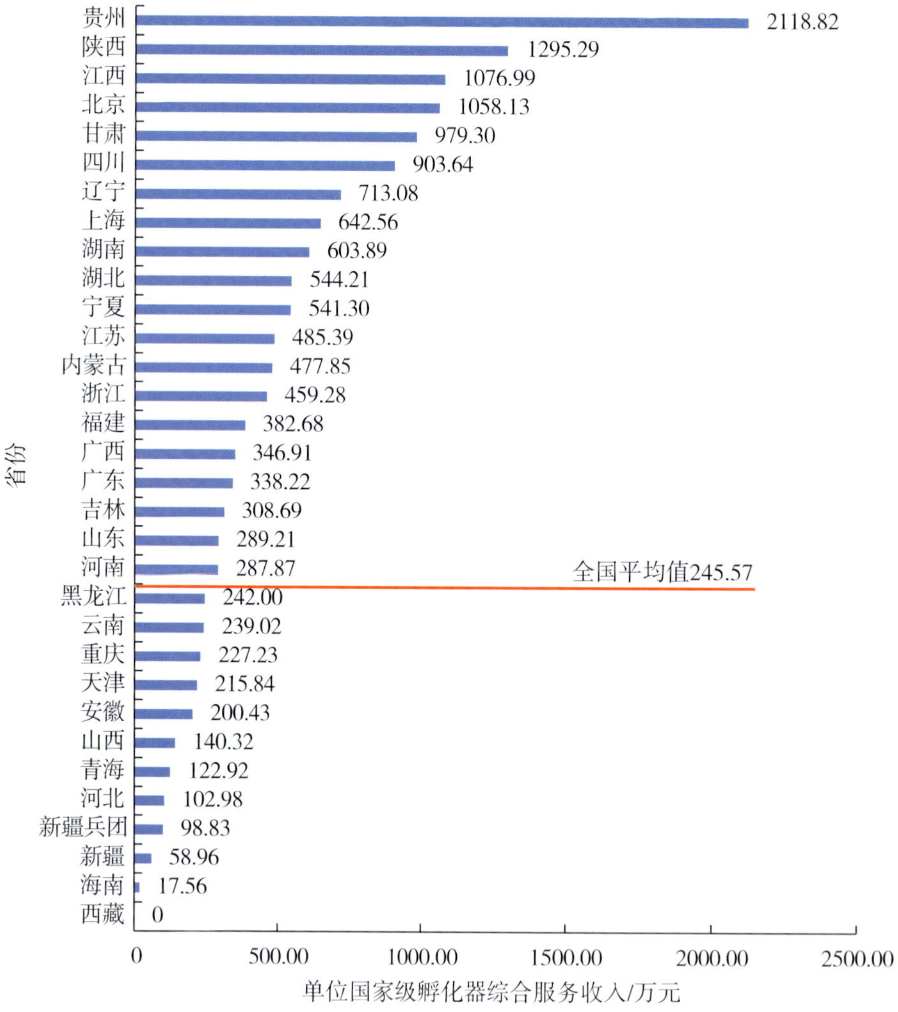

图 4–4　2019 年各省份单位国家级孵化器综合服务收入

三、资本运作能力持续培育

2015—2019 年我国科技企业孵化器投资收入出现先增长后下降的情况，从 2015 年的 26.85 亿元增长到 2017 年的 31.98 亿元，然后下降至 2019 年的 23.17 亿元，2019 年孵化器投资收入为统计期历年最低值。

2015—2019 年国家级孵化器投资收入整体降幅显著，从 2015 年的 11.58 亿元下降到 2019 年的 9.7 亿元，2019 年较 2018 年同比下降 8.83%。2019 年非国家级孵化器投资收入为 13.47 亿元（表 4–5）。

表 4–5　孵化器投资收入（2015—2019 年）

单位：万元

年份	孵化器投资收入	国家级		非国家级	
		孵化器投资收入	单位孵化器投资收入	孵化器投资收入	单位孵化器投资收入
2015	268 540.31	115 837.78	158.03	152 702.52	84.83
2016	285 364.05	107 490.13	124.55	177 873.93	74.36
2017	319 772.70	157 728.62	159.64	162 044.07	52.59
2018	264 949.37	106 386.39	108.56	158 562.98	40.98
2019	231 716.99	97 000.72	82.41	134 716.27	33.44

从单位孵化器情况来看，2015—2019 年单位国家级孵化器投资收入都高于非国家级孵化器，国家级孵化器整体表现好于非国家级孵化器（图 4–5）。

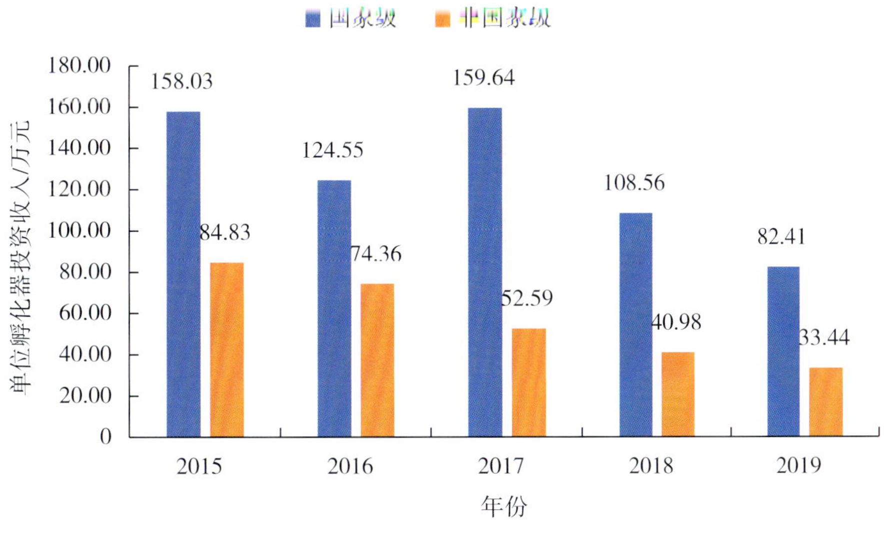

图 4–5　单位孵化器投资收入（2015—2019 年）

从全国范围来看，2019年孵化器投资收入排名前10位的省份分别是江苏、贵州、广东、陕西、浙江、内蒙古、湖北、北京、山东、河南，前10位的省份投资收入占全部孵化器投资收入的76.16%。从2019年各省份国家级孵化器投资收入来看，排名前10位的省份分别是贵州、陕西、广东、北京、浙江、江苏、上海、福建、山西、河南，投资收入占全部国家级孵化器投资收入的79.02%（表4-6）。

表4-6 2019年各省份孵化器投资收入

单位：万元

省份	孵化器投资收入	国家级		非国家级	
		孵化器投资收入	单位孵化器投资收入	孵化器投资收入	单位孵化器投资收入
江苏	53 977.66	4712.02	23.44	49 265.64	78.08
贵州	24 672.29	23 568.24	2946.03	1104.05	32.47
广东	23 557.55	10 964.65	72.61	12 592.90	14.61
陕西	17 793.93	13 504.53	385.84	4289.40	49.30
浙江	11 929.73	5066.83	61.05	6862.90	24.51
内蒙古	10 151.61	1860.66	155.06	8290.95	218.18
湖北	9945.48	1466.08	27.15	8479.40	52.34
北京	8800.88	5853.53	95.96	2947.35	42.72
山东	8609.90	1129.96	11.53	7479.94	28.77
河南	7046.23	2860.56	65.01	4185.67	34.03
甘肃	6404.56	2157.58	215.76	4246.98	61.55
上海	5909.78	3764.44	67.22	2145.34	18.03
广西	4932.99	564.69	37.65	4368.30	48.00
四川	4849.18	2865.74	81.88	1983.44	14.91
河北	4374.46	1391.75	42.17	2982.71	13.68
福建	4338.56	3214.11	200.88	1124.45	9.45
黑龙江	3774.76	1359.20	67.96	2415.56	14.91
江西	3721.77	2257.76	107.51	1464.01	35.71
山西	3700.86	3140.23	209.35	560.63	11.93

省份	孵化器投资收入	国家级		非国家级	
		孵化器投资收入	单位孵化器投资收入	孵化器投资收入	单位孵化器投资收入
湖南	3610.65	1224.77	51.03	2385.88	36.71
安徽	3241.94	767.84	24.00	2474.10	17.93
吉林	2028.73	1413.33	64.24	615.40	8.67
重庆	1630.99	938.55	49.40	692.44	11.94
辽宁	1053.66	556.96	17.97	496.70	13.80
天津	909.01	51.31	1.43	857.70	19.06
新疆	257.85	134.79	13.48	123.06	6.48
云南	159.99	28.33	2.18	131.66	4.88
宁夏	118.90	112.30	28.08	6.60	0.60
新疆兵团	103.20	0	0	103.20	25.80
青海	77.83	70.00	11.67	7.83	0.98
海南	32.06	0	0	32.06	5.34
西藏	0	0	0	0	0

2019 年，单位孵化器投资收入全国平均值为 44.51 万元，全国有 17 个省份单位国家级孵化器投资收入在全国平均值以上（图 4-6）。

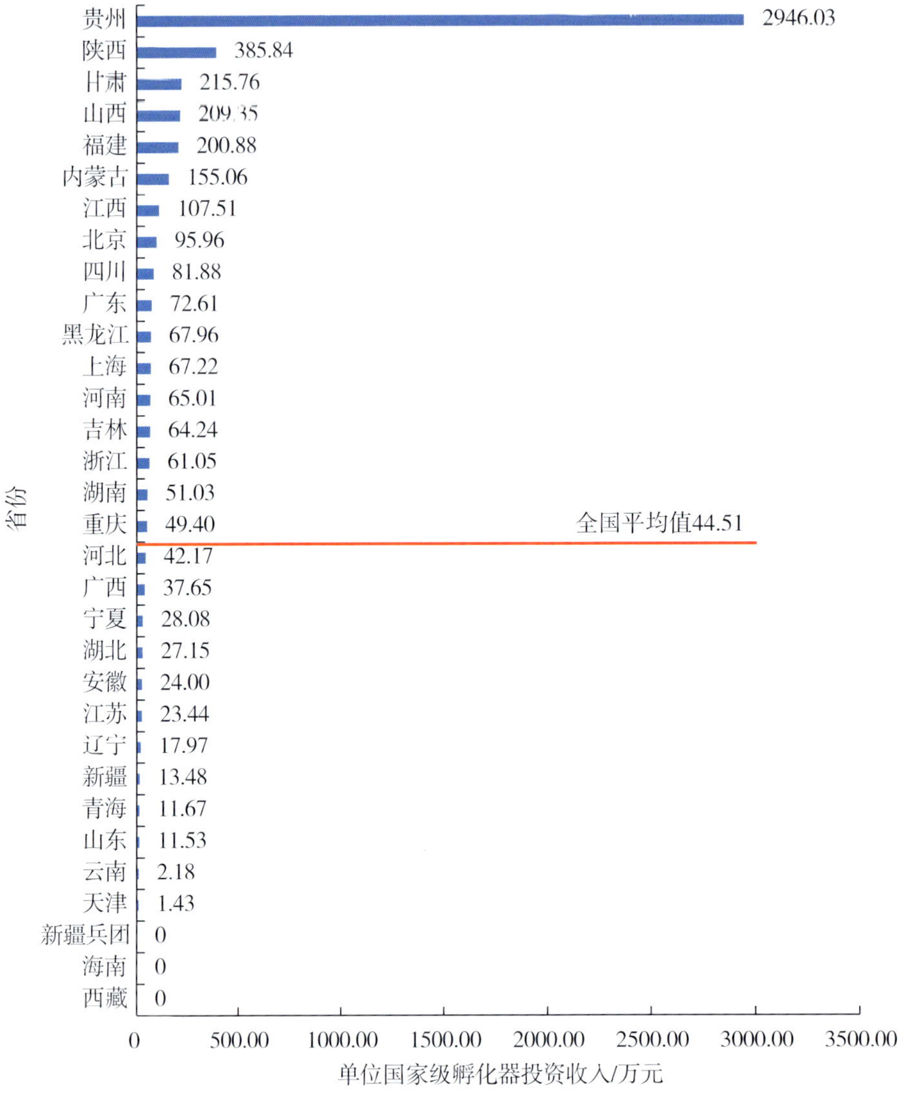

图 4-6 2019 年各省份单位国家级孵化器投资收入

四、管理人员素质不断提升

2015—2019 年我国科技企业孵化器接受专业培训人数历年不断增长，从 2015 年的 18 976 人增长到 2019 年的 36 673 人，增长了 93.26%，2019 年较 2018 年同比增长 5.44%。

2015—2019 年国家级孵化器接受专业培训人数整体不断增长，从 2015 年的 7442 人增长到 2019 年的 14 601 人，累计增长 96.20%，2019 年较 2018 年同比增长 16.31%（表 4-7）。

从单位孵化器情况来看，2015—2019 年单位国家级孵化器接受专业培训人数都高于非国家级孵化器，国家级孵化器从业人员专业化程度整体高于非国家级孵化器（图 4-7）。

表 4-7 孵化器接受专业培训人数（2015—2019 年）

单位：人

年份	接受专业培训人数	国家级		非国家级	
		接受专业培训人数	单位孵化器接受专业培训人数	接受专业培训人数	单位孵化器接受专业培训人数
2015	18 976	7442	10.15	11 534	6.41
2016	23 148	9011	10.44	14 137	5.91
2017	28 833	10 880	11.01	17 953	5.83
2018	34 782	12 554	12.81	22 228	5.75
2019	36 673	14 601	12.41	22 072	5.48

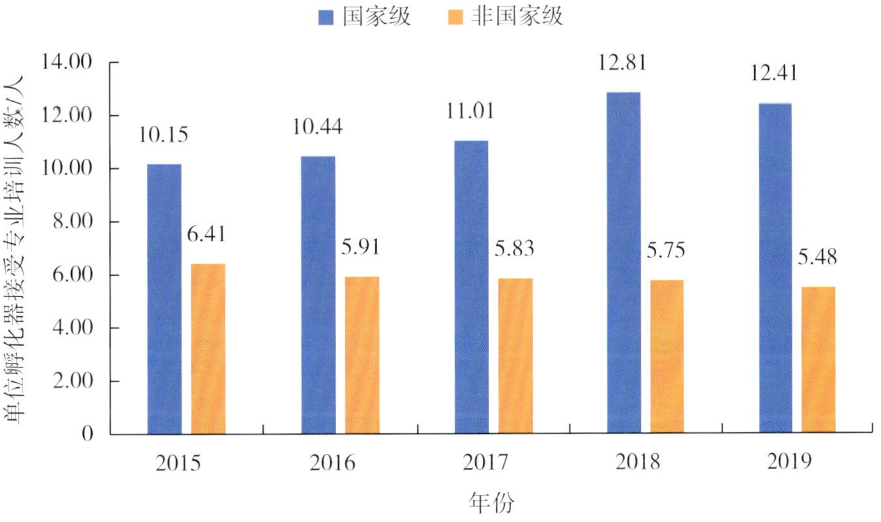

图 4-7 单位孵化器接受专业培训人数（2015—2019 年）

从全国范围来看，2019 年孵化器接受专业培训人数排名前 10 位的省份分别是江苏、广东、山东、浙江、河北、湖北、河南、四川、上海、北京，前 10 位的省份接受专业培训人数占全部孵化器接受专业培训人数的 67.05%。从 2019 年各省份国家级孵化器接受专业培训人数来看，排名前 10 位的省份分别是江苏、广东、山东、浙江、北京、河南、湖北、上海、陕西、河北，接受专业培训人数占全部国家级孵化器接受专业培训人数的 66.67%（表 4-8）。

2019 年，单位孵化器接受专业培训人数全国平均值为 7.04 人，全国有 30 个省份单位国家级孵化器接受专业培训人数在全国平均值以上（图 4-8）。

表 4-8 2019 年全国各省份孵化器接受专业培训人数

单位：人

省份	接受专业培训人数	国家级		非国家级	
		接受专业培训人数	单位孵化器接受专业培训人数	接受专业培训人数	单位孵化器接受专业培训人数
江苏	5912	2145	10.67	3767	5.97
广东	5317	1629	10.79	3688	4.28
山东	2537	1046	10.67	1491	5.73
浙江	2058	955	11.51	1103	3.94
河北	1769	480	14.55	1289	5.91
湖北	1685	674	12.48	1011	6.24
河南	1597	695	15.80	902	7.33
四川	1271	395	11.29	876	6.59
上海	1233	657	11.73	576	4.84
北京	1210	798	13.08	412	5.97
陕西	1191	656	18.74	535	6.15
黑龙江	1074	271	13.55	803	4.96
安徽	1073	383	11.97	690	5.00
吉林	947	339	15.41	608	8.56
湖南	866	388	16.17	478	7.35
江西	829	397	18.90	432	10.54
福建	794	195	12.19	599	5.03
甘肃	733	188	18.80	545	7.90
内蒙古	680	403	33.58	277	7.29
广西	679	252	16.80	427	4.69
天津	519	321	8.92	198	4.40
辽宁	492	325	10.48	167	4.64
山西	460	155	10.33	305	6.49
重庆	428	163	8.58	265	4.57
贵州	411	198	24.75	213	6.26

省份	接受专业培训人数	国家级		非国家级	
		接受专业培训人数	单位孵化器接受专业培训人数	接受专业培训人数	单位孵化器接受专业培训人数
云南	351	210	16.15	141	5.22
新疆	165	62	6.20	103	5.42
宁夏	140	67	16.75	73	6.64
海南	96	63	31.50	33	5.50
新疆兵团	81	48	9.60	33	8.25
青海	67	35	5.83	32	4.00
西藏	8	8	8.00	0	0

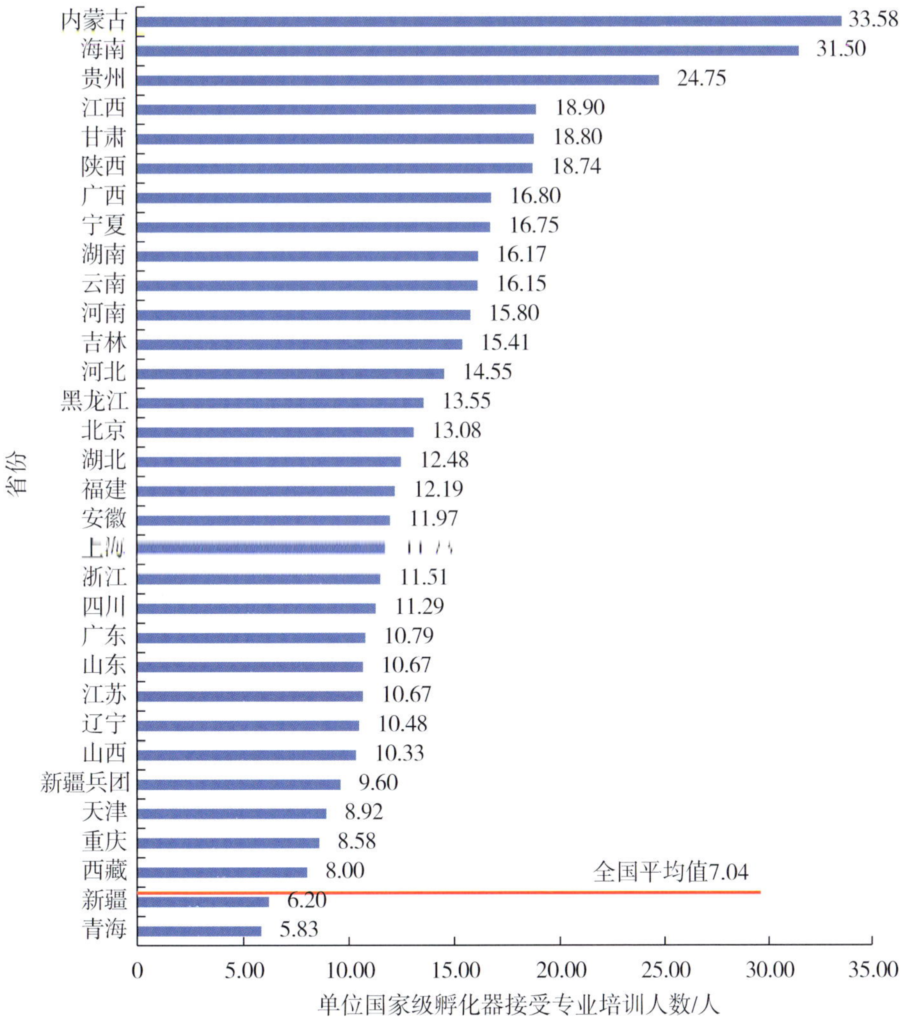

图4-8　2019年各省份单位国家级孵化器接受专业培训人数

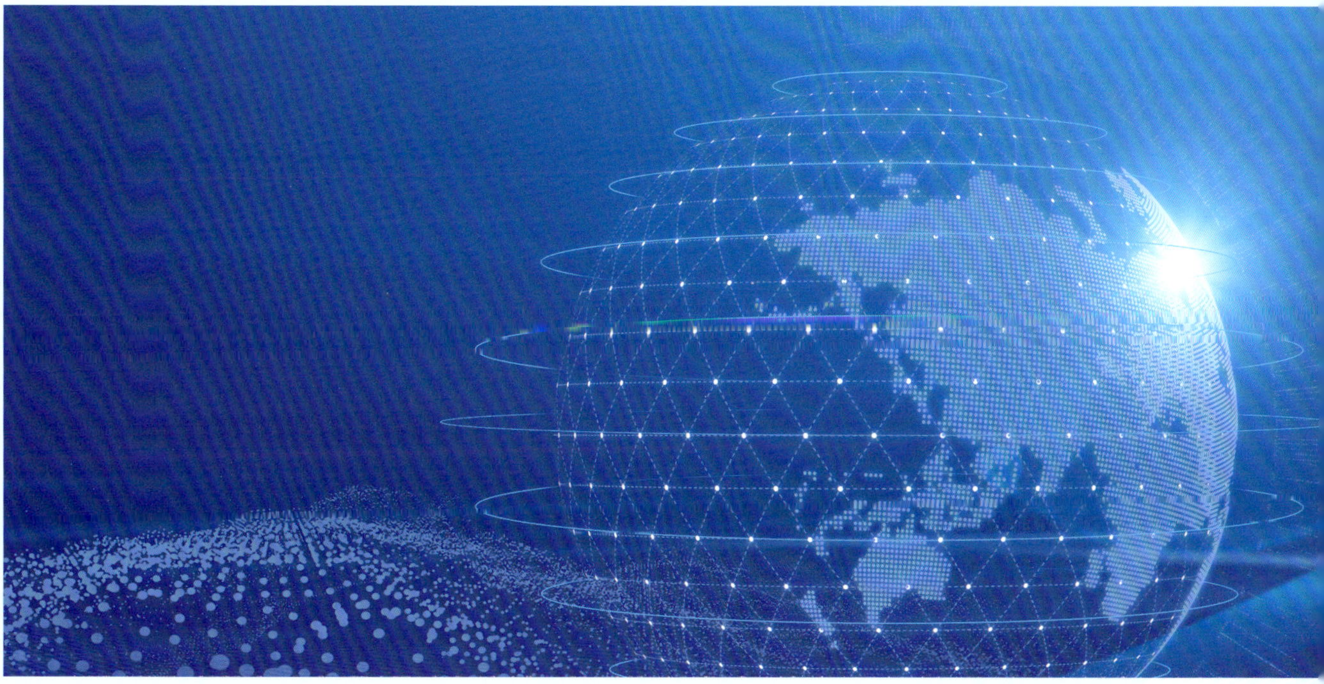

第5章

国家级孵化器创新能力

根据国家级孵化器创新能力的情况，国家级孵化器的评价结果分为优秀（A类）、良好（B类）、合格（C类）和不合格（D类）4个等级。针对2015—2019年孵化器评价结果整体情况，本章从各省份维度分类进行比较分析。

一、2015—2019年各省份孵化器分类情况

（一）各省份A类孵化器情况

分地区来看，2015—2019年A类孵化器累计数量排名前10位的省份分别是江苏（124家）、广东（102家）、山东（77家）、浙江（66家）、北京（43家）、湖北（40家）、上海（38家）、四川（29家）、陕西（28家）、安徽（24家）、天津（24家）[1]。其中，江苏、广东是全国仅有的两个A类孵化器数量破百的省份（图5-1）。

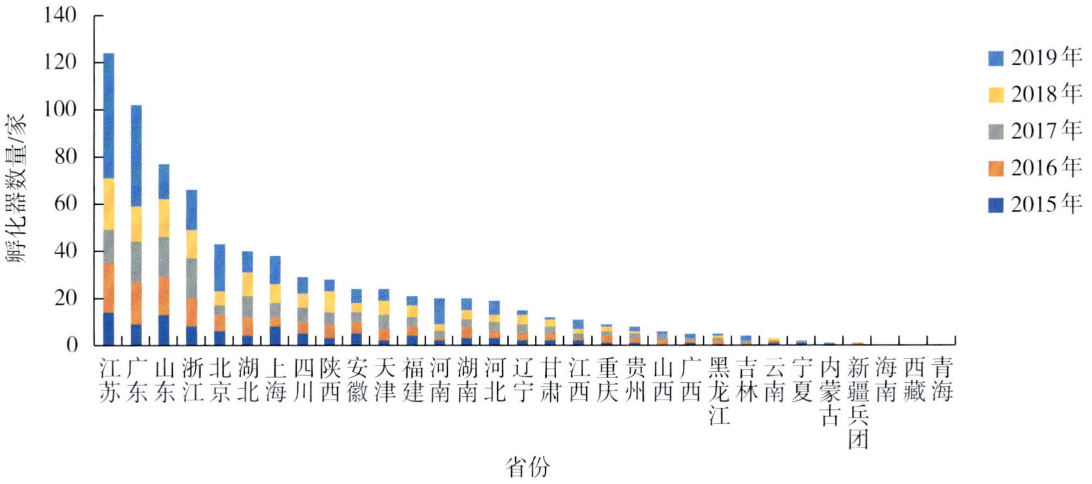

图5-1　各省份A类孵化器数量（2015—2019年）

从数量占比来看，上述排名前10位的省份A类孵化器数量占当年全国A类孵化器总数的比例变化明显。江苏、广东、北京3个省份呈现较为明显的增长趋势。江苏A类孵化器数量全国占比从2015的14.00%，增长到2019年的22.55%，2019年较2015年占比高出8.55个百分点；广东A类孵化器数量全国占比从2015年的9.00%，增长到2019年18.30%，2019年较2015年占比高出9.30个百分点；北京A类孵化器数量全国占比从2015年的6.00%，增长到2019年的8.51%，2019年较2015年占比高出2.51个百分点（图5-2）。

① 2015—2019年安徽、天津A类孵化器累计均为24家，排名不分先后。

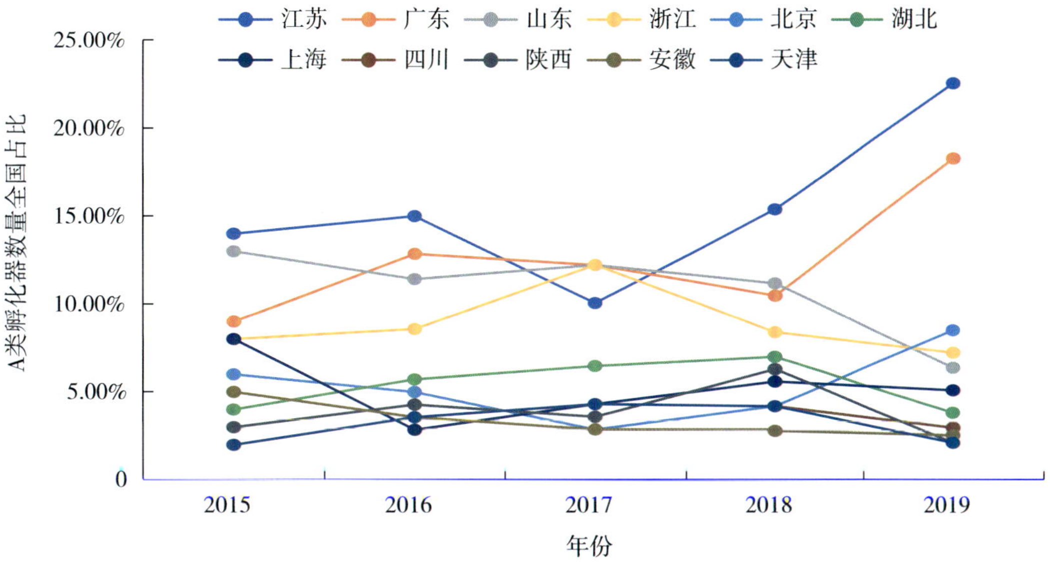

图 5-2 排名前 10 位的省份历年 A 类孵化器数量全国占比

从 2019 年数据情况来看，A 类孵化器数量排名前 10 位的省份分别是江苏（53 家）、广东（43 家）、北京（20 家）、浙江（17 家）、山东（15 家）、上海（12 家）、河南（11 家）、湖北（9 家）、四川（7 家）、安徽（6 家）、河北（6 家）[①]（图 5-3）。从分布来看，2019 年 A 类孵化器主要分布在我国东部、中部及东北部 3 个区域，西部地区整体较少。

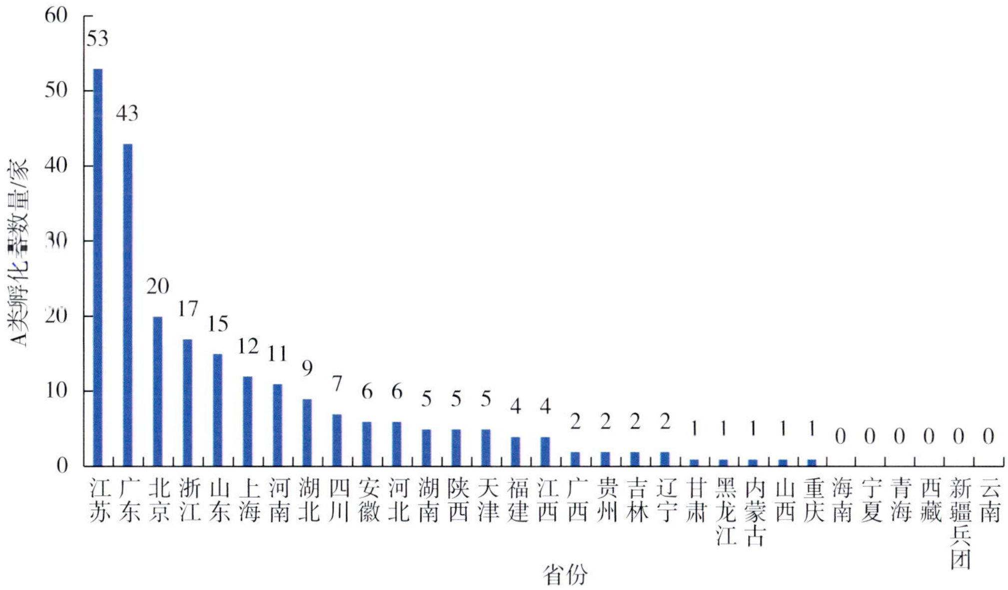

图 5-3 2019 年各省份 A 类孵化器数量

① 2019年，安徽、河北A类孵化器数量均为6家，排名不分先后。2015—2019年安徽累计A类孵化器24家，河北19家。

（二）各省份 B 类孵化器情况

分地区来看，2015—2019 年 B 类孵化器累计数量排名前 10 位的省份分别是江苏（352 家）、广东（227 家）、山东（166 家）、浙江（160 家）、北京（121 家）、上海（107 家）、湖北（99 家）、河南（75 家）、天津（71 家）、四川（66 家）。其中，江苏、广东、山东、浙江、北京、上海 6 个省份 2015—2019 年 B 类孵化器数量超过 100 家（图 5-4）。

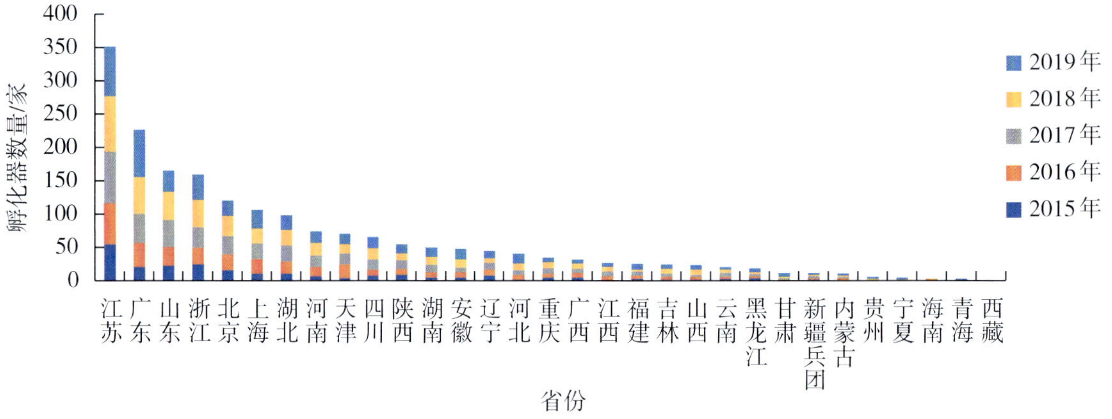

图 5-4　各省份 B 类孵化器数量（2015—2019 年）

从数量占比来看，上述排名前 10 位的省份 B 类孵化器数量占当年全国 B 类孵化器总数的比例变化幅度不大。江苏、广东变化最为明显，江苏 B 类孵化器数量占比呈现出下降趋势，占比从 2015 年的 22.92% 下降到 2019 年的 15.82%，累计下降 7.10 个百分点；广东 B 类孵化器数量占比呈现增长趋势，占比从 2015 年的 8.75% 增长到 2019 年的 14.98%，累计增长 6.23 个百分点。此外，排名前 10 位的其他省份 B 类孵化器数量占比整体变化幅度较小，各省份数量占比变化都在 3 个百分点以内（图 5-5）。

从 2019 年数据情况来看，B 类孵化器数量排名前 10 位的省份分别是江苏（75 家）、广东（71 家）、浙江（38 家）、山东（32 家）、上海（28 家）、北京（23 家）、湖北（22 家）、河南（18 家）、四川（17 家）、天津（16 家）、安徽（16 家）[①]。从分布来看，2019 年 B 类孵化器与 A 类孵化器有类似的分布情况，主要分布在我国东部、中部及东北部 3 个区域，西部地区整体较少（图 5-6）。

① 2019 年，天津、安徽 B 类孵化器数量均为 16 家，排名不分先后。2015—2019 年天津累计 B 类孵化器 71 家，安徽 48 家。

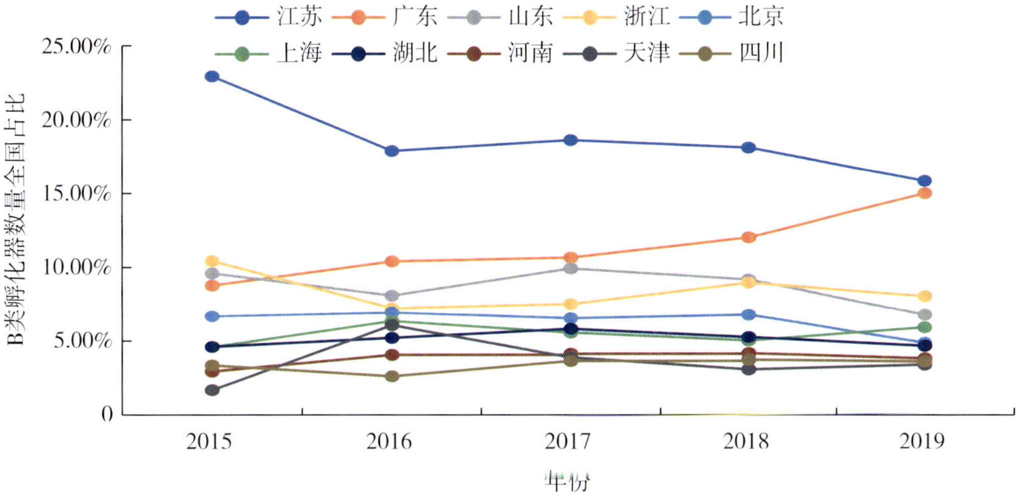

图 5-5　排名前 10 位的省份历年 B 类孵化器数量全国占比

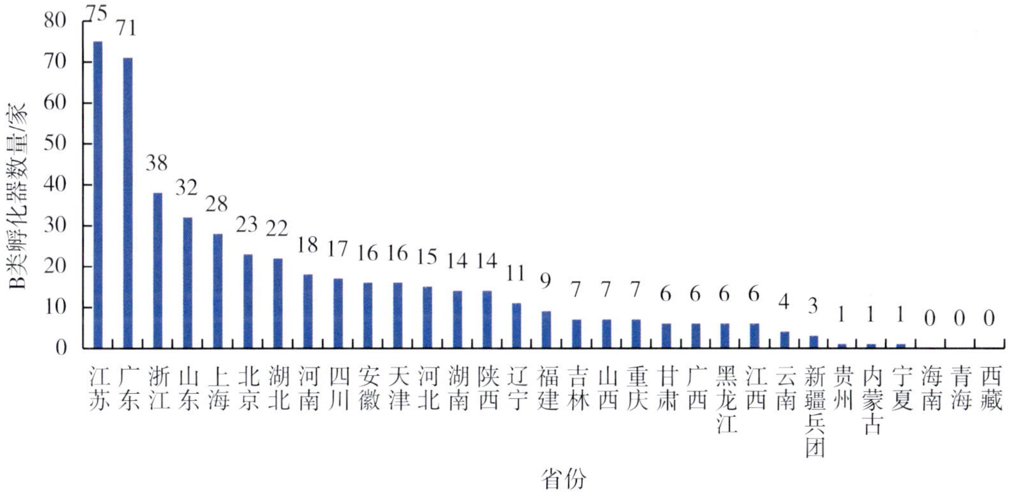

图 5-6　2019 年各省份 B 类孵化器数量

（三）各省份 C 类孵化器情况

分地区来看，2015—2019 年 C 类孵化器累计数量排名前 10 位的省份分别是江苏（334 家）、广东（159 家）、山东（140 家）、浙江（94 家）、北京（86 家）、上海（73 家）、湖北（71 家）、辽宁（70 家）、吉林（69 家）、河南（68 家），如图 5-7 所示。

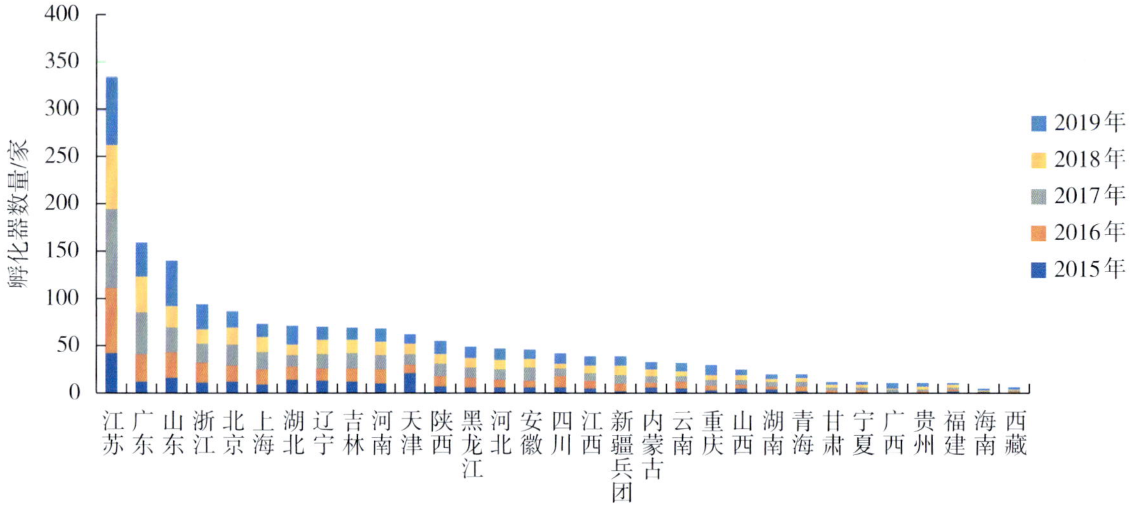

图 5-7　各省份 C 类孵化器数量（2015—2019 年）

从 2019 年数据情况来看，C 类孵化器数量排名前 10 位的省份分别是江苏（72 家）、山东（48 家）、广东（36 家）、浙江（27 家）、湖北（20 家）、北京（17 家）、上海（14 家）、辽宁（14 家）、河南（14 家）、陕西（14 家）①。从分布来看，2019 年 C 类孵化器的分布情况整体比较均衡，除我国东部江苏、山东、广东地区外，其余地区均有分布（图 5-8）。

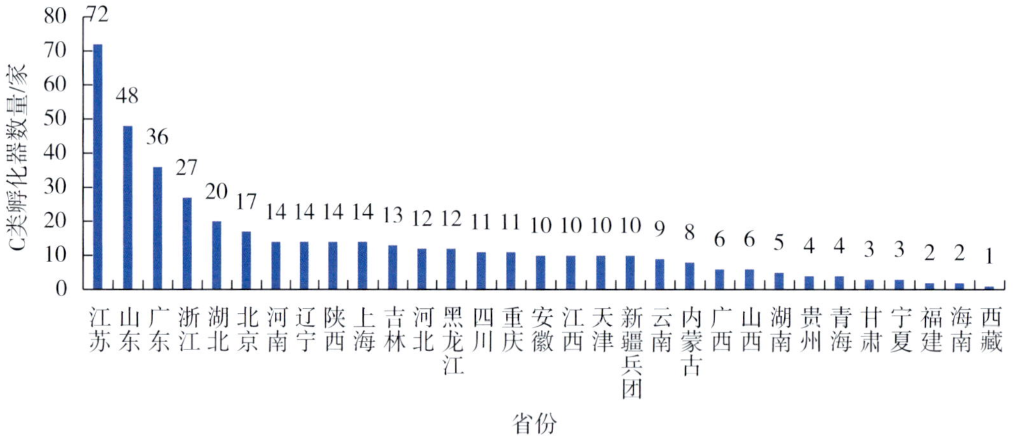

图 5-8　2019 年各省份 C 类孵化器数量

① 2019 年，上海、辽宁、河南、陕西 C 类孵化器数量均为 14 家，排名不分先后。2015—2019 年上海累计 B 类孵化器 73 家、辽宁 70 家、河南 68 家、陕西 55 家。

二、2019年综合孵化器和专业孵化器情况

（一）各省份综合孵化器情况

2019年全国各省份综合孵化器共计732家，综合孵化器数量排名前10位的省份分别是江苏（147家）、广东（63家）、浙江（60家）、山东（55家）、湖北（34家）、河南（33家）、河北（31家）、北京（30家）、安徽（25家）、天津（24家）。从分布来看，全国综合孵化器主要分布在东部、中部、东北部地区（图5-9）。

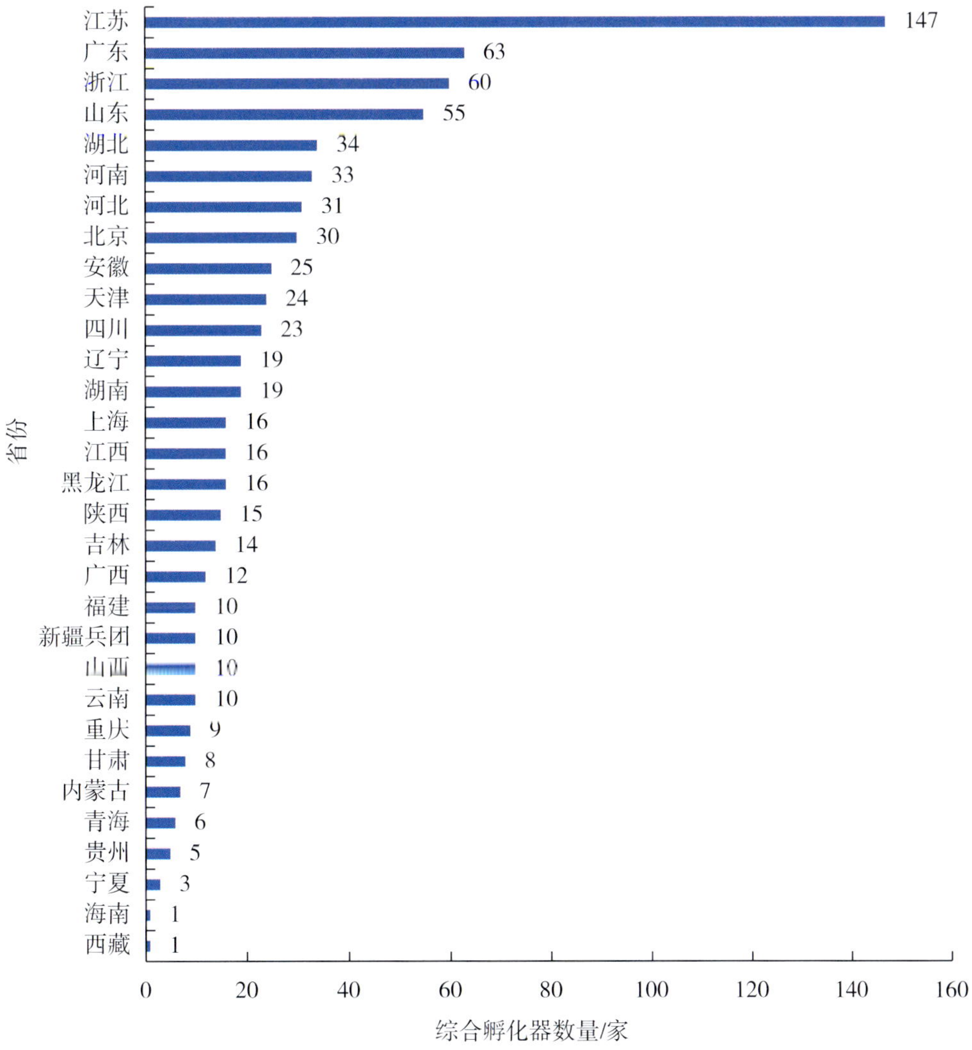

图5-9　2019年各省份综合孵化器数量

（二）各省份专业孵化器情况

2019 年全国各省份专业孵化器共计 441 家，专业孵化器数量排名前 10 位的省份分别是广东（88 家）、江苏（54 家）、山东（43 家）、上海（40 家）、北京（31 家）、浙江（23 家）、湖北（20 家）、陕西（20 家）、四川（13 家）、天津（12 家）、辽宁（12 家）。从分布来看，全国专业孵化器主要分布在东部、中部地区，其他地区专业孵化器相对较少（图 5－10）。

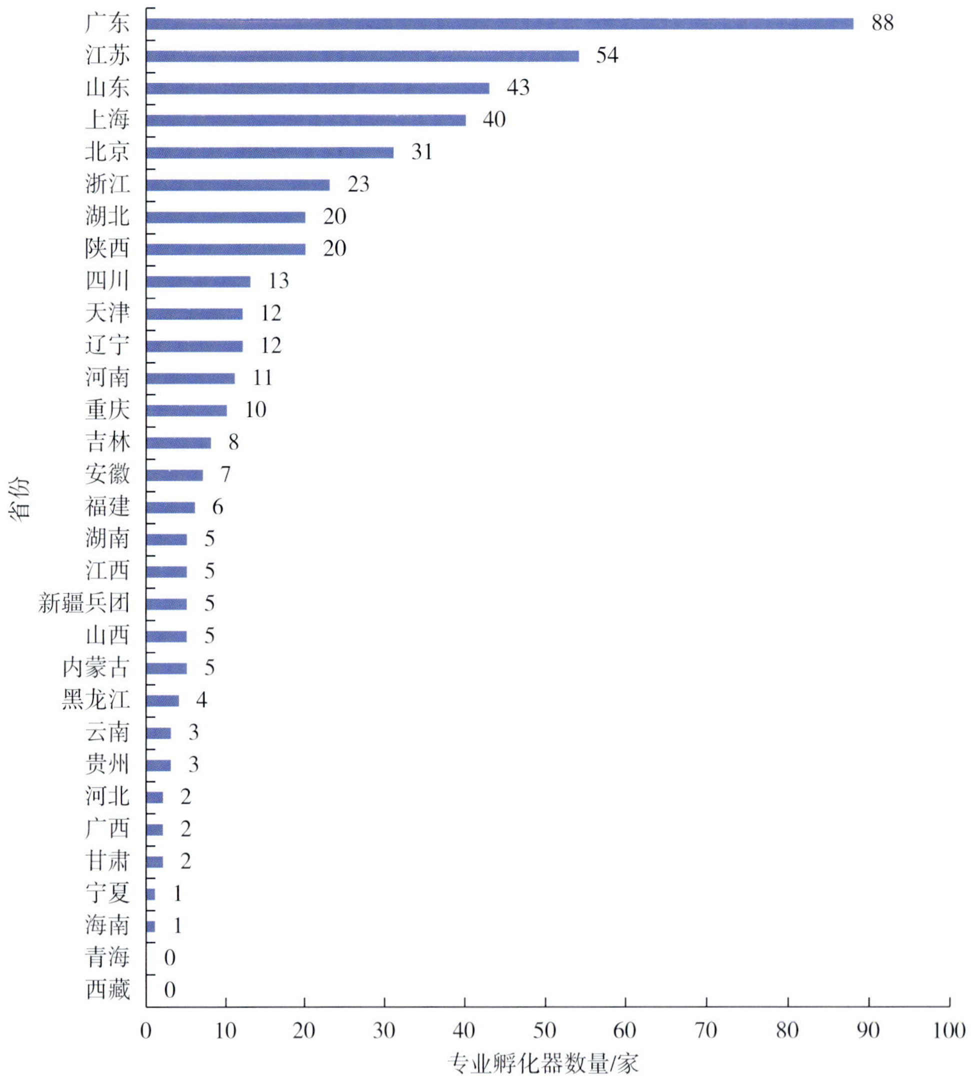

图 5－10　2019 年各省份专业孵化器数量

第6章

A类国家级孵化器典型案例

本章从全国 235 家 A 类国家级孵化器中，根据不同孵化器的特色模式选出具有代表性的 11 家机构作为典型案例进行剖析，希望在纵深推进大众创业、万众创新的工作中，为全国各类创业孵化载体提供借鉴，实现科技创新创业的高质量发展。

一、北京北航天汇科技孵化器有限公司——开启“汇·创云”云服务平台

（一）孵化器概况

北京北航天汇科技孵化器有限公司（简称“北航天汇”）成立于 1999 年 4 月，是北京市第一家企业化运行的科技企业孵化器。北航天汇以促进北京航空航天大学及周边高校科技成果转化、培育中小企业及造就科技企业家为宗旨，努力促进创业企业的群体成长，推动区域经济发展，提高区域创新能力。

截至 2019 年年底，北航天汇在孵企业数 227 家，主要集中在新一代信息技术、集成电路、智能制造领域；园区现有孵化场地面积 28 712 平方米，共有核心管理团队 17 人，其中拥有高级职称的 2 人、硕士 7 人、海归 3 人，核心团队主要来自清华大学、北京航空航天大学、北京师范大学，以及加拿大多伦多大学、英国曼彻斯特大学等国际名校，团队专业背景交叉，具有计算机、MBA、投资学等不同教育背景及从事过科研、创业、技术服务等不同经历，其中具有产业背景、创业经历、投融资经验、供应链管理或企业管理经验的复合型专业人才 12 人。

（二）孵化器发展特色

1. 开启云端孵化，实现数字化精准服务

针对专业化服务信息不对称、跨区域服务管理困难、服务信息时效性差、供需信息不匹配、产业通道缺乏资源导入等问题，北航天汇于 2018 年启动了云上孵化平台的研发，并于 2019 年 4 月正式推出自主研发的“汇·创云”服务平台，以规范企业孵化流程和服务标准，建立孵化企业入驻、服务与辅导、发展评价、市场匹配、毕业全程周期数字化管理机制，为迈向云端孵化、实现精准数字孵化打下坚实的基础，形成具有人工智能特色的数字孵化体系。“汇·创云”平台以在孵企业成长数据为基础，构建创业企业成长画像，通过人工智能分析算法，呈现“双创”企业孵化成长数据图谱，有效精准匹配产业链供需信息，助力“双创”科技企业加速孵化成长。

2. 聚焦垂直细分领域，赋能产业链上下游

（1）搭建垂直领域专业技术服务平台，链接专业技术服务科技资源

作为依托高校的孵化器，北航天汇打造了具有自身特点的“汇·创实验室”品牌，并联合学

校实验室搭建了“科技资源共享与服务系统”“虚拟现实技术与创新资源共享平台”“共享式通用无人机地面控制系统服务平台”等专业服务技术平台，为在孵企业提供产品研发、科研数据查询、通用化研发环境、标准化技术解决方案。

（2）推动大中小企业协同创新，打造产业聚集生态闭环

北航天汇在智能硬件、电子信息、城市环保、云计算、新能源及智能驾驶等领域，持续开展与上市公司、行业龙头企业的合作。一方面，孵化器通过与大企业进行实验与检测、技术资源共享等方式，挖掘大企业技术及产品开发需求；另一方面，孵化器利用数字孵化平台分析在孵企业开发及交付能力，同时邀请专业投资机构及行业专家把关，以市场为导向，协助在孵企业对接大企业客户渠道，形成多形式、多层次大中小企业融通，为产业链上下游企业提供集群出口。

北航天汇联合寒武纪、三人行、智明星通等园区多家龙头企业，发起“北航科技园企业家俱乐部”并担任副理事长单位，邀请“北航科技园企业家俱乐部”会员企业加入“汇·创合伙人”平台。针对已形成核心业务、发展方向明确、业务规模快速扩大的发展型潜力企业，整合社会多方资源，形成大小企业融通的交流平台。

通过汇聚宝马新能源、北控环保、时代凌宇等上市公司、龙头企业资源，开放采购订单和投资并购需求，促进优质创业企业匹配市场需求、高科技成果转化项目匹配合作资源；与阿里云、有孚网络联合设计“企业云计算产品”，为物联网、智能手游、3D 数字、大数据等领域数十家成长型企业提供云产品服务包，通过龙头企业辐射新技术、新产品，实现上下游产业的聚集效应；同时联合京东加入“五色石计划”征集园区 SAAS 企业入围京东云供应商体系，进一步形成了大小企业资源融通的协同创新生态。

与此同时，北航天汇积极开展全链条孵化培育，通过落实各级“双创”优惠政策、对接投融资业界、联合行业龙头企业等打造产业聚集生态闭环，形成上下游孵化生态交互的协同创新网络，进一步促进大小企业资源融通，实现众创空间—孵化器—加速器全链条、全流程服务，助力企业加速成长，涌现出一批规模化发展迅速的成长性企业。

3. 关注国际市场，深化国际合作

北航天汇依托北航不断加强与国际著名高等院校、一流研究机构和知名跨国公司长期、稳定的合作伙伴关系，积极融入“一带一路”倡议打开国际局面，通过政府部门、科研机构和科技园区建设者间的交流，加强北航天汇和在孵企业的对外宣传，另外为园区在孵企业提供国际市场出口和资源对接。

（1）深化中以创新合作桥梁

北航天汇依据对以色列合作需求调研征集，于 2019 年 12 月在北航天汇路演厅主办“2019 北京—特拉维夫创新大会暨第三届中以创新创业大赛北京决赛”（北航专场），为狂跑者科技、中科联宏、航迹未来、鳍源科技等一批在孵企业搭建了国外市场合作关系，促进了创业企业与以色列

在“双创”领域的深度合作交流。

（2）助力“春晖杯”创赛项目落地

北航天汇作为首批北京留学人员创业园、中国留学人员创业园孵化基地，已经连续十五届参与协办了“春晖杯”中国留学人员创新创业大赛的活动，先后赴美国、加拿大、日本参加“春晖杯”中国留学人员创新创业大赛创业环境及成果展，参加教育部留服中心举办“春晖杯”项目评审及对接交流活动，引进国家重大人才工程人才，通过后续的挖掘、培育，孵化了“志翔科技”“云狸科技”“知存科技”等中关村瞪羚技术企业、中关村前沿技术企业。

（三）孵化器孵化服务案例

北京知存科技有限公司（简称“知存科技”）成立于2017年10月，是北航天汇通过“春晖杯”创赛引入、培育的留学生海归企业。创始人王绍迪是UCLA博士，在校期间提出的“存算一体设计”获得美国电子复兴计划590万美元资助。

北航天汇建立了“汇·创投”平台，配备项目投资团队，进一步完善投融资平台服务职能和体系。针对初创企业研发资金需求大及产业资本配套能力不够完备等问题，积极拓展企业融资渠道，积极对接投融资机构、推进项目参与行业的创业赛事、行业投资协会沙龙，为企业提供资本资源对接；帮助企业梳理打磨项目方案，推荐申请政府择优资助项目；同时深化和各基金、风投、银行等金融机构间的合作。

北航天汇在公司初创时期，协助团队梳理产品模式、融资计划，组织参加“2018中关村国际前沿科技创新大赛”，获得集成电路分领域第一名；积极推动合作的投资机构与企业进行深度交流，协助知存科技获得启迪之星、科大讯飞、翼丰投资500万元种子轮融资，推动与招商银行合作，帮助企业获得200万元授信，解决了企业融资前期资金难题；2019年，基于公司产品的研发进展与业界市场前景，联系普华资本、燕缘雄芯等深度合作的投资机构，配合投资机构完成背调，协助知存科技获得近亿元天使轮融资，助力公司芯片量产。同时北航天汇整合政府资源，积极进行辅导和推荐，协助知存科技获得北京市人才工作局组织的留学人员创办企业开办费、北京市人事局北京市优秀创业项目、北京市科委电子通信技术培育项目、中关村管委会中关村前沿技术企业等政府资金项目共计1200余万元。

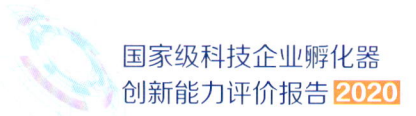

（四）孵化器发展展望

在大众创业、万众创新蓬勃发展，向更大范围、更高层次和更深程度推进的背景下，北航天汇的发展将更关注投融资的多元化，提供更深层次、更专业化的服务；进一步加强国际合作，打造自身品牌效应，积极探索国际市场，不仅需要引进来，更需要走出去。把握国内外发展前沿，找到自身在市场中的优势，拓宽产业领域，找到未来发展的新支点。

拓展企业融资渠道，强化“投资 + 孵化”的运营模式。结合国家对成果转化、创业投资等一系列政策导向，针对初创企业融资难、科技型研发企业资金需求大及产业资本配套能力不够完备等问题，依托“汇·创投”平台，配备项目投资团队，进一步完善投融资平台服务职能和体系，拓展企业融资渠道，深化和各基金、风投、银行、证券等金融机构间的合作，以“投资 + 孵化”运营模式，建设种子基金、推动设立产业基金，形成涵盖种子轮、天使轮、A/B轮、产业引导基金及其他衍生金融产品的全链条资本服务体系。通过龙头企业资源导入一系列后续投资管理，提升创业成功率，加速硬科技成果的产业化进程。

探索国内外新合作，实行“引进来 + 走出去”战略。积极拓展国际合作，与全球知名孵化器机构共同探索孵化器行业发展的新局面。继续加深与以色列、UBI Global等国家和国内外相关机构的合作，以这些合作伙伴为中心，寻找新的合作伙伴和新的合作领域，逐步铺开国际合作发展的网络。对于国外优质的发展项目积极引进，除此之外，还要打造自身在国际市场的核心竞争力，实行“走出去”战略，将优势项目扎根到其他地区和国家。

发挥高校科技资源优势，紧盯国内外科技发展前沿。依托北京航空航天大学优势学科的科研资源，增强科技创新引领，深入实施创新驱动发展战略，进一步完善创新创业资源共享平台建设，发挥高校孵化器科技资源优势。紧跟全球人工智能、5G、智能制造等前沿创新应用领域的发展态势，找准突破口和主攻方向，找到未来发展的抓手。

二、北京京仪集团有限责任公司——全力协同创新，助力企业融通发展

（一）孵化器概况

北京京仪集团有限责任公司（简称“京仪集团”）成立于1983年，前身为北京市电子仪表工业局，是一家集研发制造、投资运营、现代服务于一体的综合性产业集团。2011年与北京控股集团有限公司（简称“北控集团”）重组，成为其推进高端装备制造业务发展的核心产业集团。目前拥有各级控股、参股企业60余家，与ABB、艾默生等多家国际500强公司建立了长期合资合作关系。

京仪集团在北控集团的整体战略布局下，肩负北控集团“高端制造”的使命与责任，以“转型升级、高端发展”战略为指引，成立智科混合所有制公司，聚焦发展“智能控制系统及仪表”“科学仪器”“电力电子”“光伏”“环保”“现代服务”等主要业务单元，努力为实现仪器仪表国产替代进口、仪器仪表核心产品迭代升级做出有益的贡献。孵化器发挥产业培育平台作用，通过向京仪集团推荐产业协同的优质种子项目，集聚整合创新元素，持续推动产业变革不断取得新突破，助力京仪集团实现高质量发展。

（二）孵化器发展特色

1. 践行创新驱动发展战略，建立完整科技创新体系

京仪集团扎实践行创新驱动发展战略，搭建以集团战略为引领，以研究总院为龙头，以京仪智能科技等企业为主体，以科技孵化器为链路，产、学、研、用深度融合开放共享的“四位一体”科技创新体系。通过强化“产研互动”“产融合作”，打造更具包容性、开放性、协同性和可持续性的研发环境和创新生态。

2. 发挥科技孵化与产业链条双导向作用

京仪孵化器作为“四位一体”科技创新体系的主要载体，聚焦集团重点培育业务方向，与研究总院联合共建“硬科技孵化平台”，强化技术服务能力，通过制定《入孵项目评审管理办法》和前期项目筛选评审机制，中期持续的孵化跟踪服务，加强种子项目的培育和输送。推动优质项目和战略新兴产业技术，以及专业领军人才、海外归国专家向京仪研究总院、京仪智能科技公司实现科技成果转化和高端人才输送。同时，发挥产业集团优势，打造一条独具特色的促进中小企业融通发展的产业孵化培育链条。通过双导向作用持续拓展京仪集团的新技术新产业布局。

3. 深度孵化和资本创投双轮驱动

京仪孵化器积极完善孵化功能，突破国有体制机制，强化创新投资能力建设，设立产业培育种子基金，探索以“债转股”实现“孵化＋投资”的功能，即设立产业孵化培育特区，建立孵化器和京仪集团两级项目评审机制，对入驻项目进行筛选，筛选出与京仪集团产业高度协同并具有投资潜力的项目入驻孵化培育特区，享受低房租成本和专项孵化培育资金支持，孵化器对其提供培育、跟踪、评价等全方位的孵化服务，3 年孵化期满以专项孵化培育资金置换股权的形式实现种子项目与京仪研究总院或京仪智科公司的资本重组和科技成果转化。通过深度孵化和资本创投的双轮驱动，实现大型产业集团和中小微企业的科技创新发展。

4. 集群化布局打造首都创新高地

京仪孵化器积极实施分园拓展，充分发挥京仪集团资源优势，构建以“科技创新与产业发展相结合”为目标的垂直领域专业孵化平台，建设“众创空间＋孵化器＋加速器＋产业园”全生态孵化链条，积极探索与怀柔科学城仪器和传感器专业基地战略合作。目前，已布局海淀、朝阳、西城、大兴建设了两个国家级孵化器和两个国家级众创空间，“十四五”期间将着力打造大兴仪器仪表专业特色产业园区，完善京仪科技孵化全生态集群化发展。力争“十四五”末实现服务科技型中小企业 1000 家以上，培育园区企业产值达到 50 亿元以上，实现京仪孵化器成为全国一流、北京市先进的专业型孵化器。

（三）孵化器孵化服务案例

1. 北京兰友科技有限公司

（1）企业介绍

北京兰友科技有限公司（简称“兰友科技”）是由一批在科学仪器行业里有深厚造诣的仪器人联合创建，关注环境安全，持续聚焦土壤等环境监测领域的用户需求。

公司以“卓越科技创建智能实验室”为业务目标，以“解放实验室分析工作者”为职业使命，深耕样品前处理，研发智能化实验室设备，与现有常规仪器形成联用，形成完整的智能化实验室解决方案。公司发展理念是通过创新为客户创造价值，帮助客户实现梦想。

（2）服务内容

京仪孵化器为了实现京仪集团“转型升级、高端发展”的战略，积极寻找高端制造仪器仪表领域优秀前沿技术与京仪集团对接，发现兰友科技在土壤环境监测领域的产品与京仪集团产业契合，2019年积极邀请兰友科技公司与京仪集团的技术信息部洽谈，双方高层多次协商，初步达成合作意向。

一方面，京仪集团可以考虑收购、参股或者与兰友科技联合开发；另一方面，兰友科技在产品升级研发过程中遇到的难题，如产品市场拓展和销售网络布局，可以依托京仪集团的研发实力和遍布全国的强大销售网络进行合作，将双方的优势进行放大，获得双赢的效果。目前，双方正在进行深入交流，孵化器在此过程中将为双方提供基础性、全方位的孵化服务，这将为推动国有大型企业与科技型中小企业之间的融通发展积累丰富的经验，提供有益的探索。

2. 北京金波天通（RBTT）广播电视技术有限公司

（1）企业介绍

北京金波天通广播电视技术有限公司成立于2007年，位于京仪孵化器加速器内，是一家专业从事广播电视发射设备、工业射频功放组件、射频无源器件、特殊电源等产品研发、设计及生产的高科技公司。该企业的多名核心技术骨干毕业于清华大学，研发的数字激励器、数字电视发射机、小功率发射机、中功率风冷发射机、中功率液冷发射机、高功率液冷发射机及粒子射频功率发射源等系列产品得到了全球广播电视台、中科院、北广集团的一致认可，产品技术已申请多项发明专利。

（2）服务内容

结合京仪集团“转型升级，高端发展”的战略定位，孵化器将金波天通公司产品推荐给京仪集团，希望京仪集团在产业融合、高端发展方面与金波天通公司进行合作，孵化器已组织京仪集团下属敬业电工公司与金波天通公司进行了对接，双方初步达成合作意向。

这一实践将为金波天通公司提供积极的帮助，有利于京仪集团在战略新兴产业的布局，更为京仪孵化器在成果转化服务方面积累了经验，为以后持续深入开展成果转化服务奠定了良好的基础。

（四）孵化器发展展望

建立购买服务的管理机制，出台相关制度文件。科技企业孵化器自成立之初就担负着促进科技成果转化、培育科技企业和企业家的使命，经过 30 多年的发展，为国家培育了大批优秀的企业和卓越的企业家。然而，以京仪孵化器为例，在从事孵化培育的过程中既要面临市场竞争的房租、人力成本等运营压力，又要承担大量科技创新公益性的服务，难免会顾此失彼。希望科技、经信等主管部门能够高瞻远瞩统筹考虑，呼吁有关部门出台相关政策，建立长效机制。一是加大对优质科技孵化载体的支持力度，特别是加大对专业型孵化器和特色产业园的支持力度；二是出台具有孵化器行业特色的支持引导政策，促进项目和人才落地，为国家创新驱动发展做出积极的贡献。

探索建立国有企业孵化器投融资备案制度。一直以来，国企孵化器为科技型中小企业投资受到诸多限制，希望科技、经信有关部门立足支持创新创业，扶持科技型中小企业发展，突破现有制度，出台相关政策，激活国企孵化器创业基金，帮助科技型中小企业通过国企孵化器自身的能力实现融资，解决科技型中小企业资金短缺的难题。

建立孵化专业人才培养机制。加强孵化专业高级人才队伍建设，随着我国孵化器、众创空间的快速增长，截至 2020 年年底，各类孵化机构、众创空间的从业人员数量已接近 17 万人。就京仪孵化器而言，截至 2020 年年底，在北京拥有“一区四园”，拥有孵化人员 50 多人，亟须提高孵化专业人才队伍服务能力和管理水平。建议科技部全面统筹，联合有关大学，设立孵化人才培育相关专业，打通孵化专业人才培养通道，规范孵化专业人才培养流程。

三、吉林省光电子产业孵化器有限公司——聚焦“光电子”领域，提供精准化服务

（一）孵化器概况

吉林省光电子产业孵化器位于长春新区北湖科技开发区，于 2009 年注册成立，占地面积 11.5 万平方米，建筑面积 6.86 万平方米。孵化器的运营主体是由中科院长春光学精密机械与物理研究所（简称“长春光机所”）、吉林省政府、长春市政府、长春高新区共同出资成立的吉林省光电子产业孵化器有限公司，孵化器的成立旨在打造具有“光电子”专业特色的吉林省光电子技术服务

平台和企业孵化平台，是省内唯一一家国家级A类科技企业孵化器，综合实力持续居全国同行业前列。

吉林省光电子产业孵化器围绕“长光所”七大产业领域择优选择企业入驻，全力开展“精准招商攻坚行动”，重点引进长春长光辰谱科技有限公司、吉林省全星航空技术有限公司、长春柏欣生物科技有限公司等科技型中小企业。近年来，吉林省光电子产业孵化器高度重视科技创新工作，把推动培育“高、精、尖”企业作为重要工作来抓。

（二）孵化器发展特色

1. 聚焦“光电子”专业领域，深入产业链孵化

吉林省光电子产业孵化器以长春光机所作为技术支撑和人才支持，聚焦光电子专业领域进行孵化，致力于打造特色产业集群，深入产业链，与光电智能装备、激光、航空航天、半导体显示与照明、新能源等加速器产业园区紧密衔接，为促进地方产业升级和经济结构调整做出了重要贡献。

（1）充分利用优势资源，构建专业公共技术服务平台

为提升光电子企业的研发能力和产品中试水平，结合实际情况，依托长春光机所创新资源，积极打造专业公共技术服务平台，平台具备中试装配、装调、测试和试验等功能，为企业提供全方位的技术服务。

一是依托长春光机所国际一流技术条件，面向注册会员开放所内部分高端实验设备，为科技成果转移转化提供必要的试验测试条件和技术服务。二是在前期光学装调与测试实验室和光学机械装配实验室的基础上，利用政府项目资金，投资500万元，建设完成光学实验测试与中试中心，可为入驻企业提供集产品研发、小试、中试、检验检测等于一体的全方位专业化服务，解决企业的技术瓶颈，打通“最后一公里”。三是与长春长光智欧科技有限公司合作，联合建设1500平方米的特种金属基光学制造实验室，现已具备高精度机械加工、单点金刚石光学加工、高效光学抛光、光学表面改性、高精度复杂面形检测等能力，可实现除材料制备以外的全流程加工。

（2）以高科技企业为引擎，促进产业链上下游企业协同发展

近年来，孵化器大力引进和培育科技创新型企业，一个个不断跨越的创新驱动“新引擎”正蓄势待发。长春长光智欧科技有限公司的核心产品超高通量显微物镜具有大视场、高分辨率、高像质等优点，有效解决了制约我国自主研发高端基因测序设备的关键技术，强力促进了高端基因测序设备的国产化进程。

孵化器集中优势资源，重点抓龙头企业达产、稳产、扩产，围绕基因测序设备，以龙头企业带动配套企业，沿着产业链打通堵点，促进上下游产业协同发展，催化产业发展内生力量。同

时，深入探索所企深度合作、互利共赢、共同发展的长效机制，结合企业的需求创新人才培养模式，主动与企业在人才培养、技术创新、社会培训等方面开展合作。另外，依托长春光机所，联合长春精测光电技术有限公司，采取设备租赁、技术咨询、项目合作开发及成果转化相结合的运营模式，发挥公共技术服务平台效用，拓展新兴业务，以谋求新的利润增长点。

2. 完善企业评价体系，提供精准化服务

随着孵化器的稳步发展，盈利模式单一这一问题逐渐显露，如何寻找新的利润增长点，提高孵化器的增值服务能力，成为孵化器面临的主要挑战。为寻找优质的创业项目，科学评价孵化器内企业创新创业能力，吉林省光电子产业孵化器根据《高新技术企业认定管理办法》《科技型中小企业评价办法》《吉林省科技小巨人企业扶持管理办法》《长春市科技型“小巨人”企业认定管理办法》等相关文件制度，结合在孵企业实际情况，制定了《在孵企业综合能力评价标准》。标准主要从知识产权、科技成果转化、技术团队、资质认定、市场竞争力、企业成长性、光机所与企业的合作空间等 7 项指标进行分析，科学评价企业的创新创业能力，为孵化器挖掘优质的项目资源。

针对不同企业的特点，孵化器对入驻企业从技术成熟度和市场成熟度等方面进行梳理、分析及科学评判，得出企业发展不同程度的 4 个阶段，结合 T2T、集团和光机所资源进行精准化的帮扶。

成果转化初期：存在问题较多，针对企业实际情况，提供软硬件配套服务，快速助力企业逐级发展，最终步入良性发展期。

技术瓶颈期：充分利用公共技术服务平台和光机所技术支撑，解决技术问题，提升产品研发能力。

市场能力不足：充分利用T2T企业发展平台及集团产业资源，为企业拓展市场提供相关资源。

良性发展期：充分关注此类企业，对有资金需求的企业提供融资服务。

3. 把握地理优势，探索国际合作

白俄罗斯是最早支持和参与“一带一路”倡议的国家之一。白俄罗斯工业基础较好，机械制造业、冶金加工业、机床及激光技术等比较发达和先进。吉林省光电子产业孵化器充分利用自身和白俄罗斯之间的地理优势，以及在一些技术领域内合作的潜力，积极探索国际合作。国际化是科技企业孵化器发展的必由之路，建设中白境外孵化器，意义已远远超过孵化功能本身，可以有效促进中欧科技交流、技术转移、经贸合作与资本对接。

（三）孵化器孵化服务案例

长光卫星技术有限公司成立于 2014 年 12 月 1 日，是我国第一家商业遥感卫星公司。公司由中科院长春光学精密机械与物理研究所、吉林省政府及社会资本组建而成，注册资本 13.42 亿元。

“吉林一号”星座是公司在建的核心工程，由138颗涵盖高分辨、大幅宽、视频、多光谱等系列的高性能光学遥感卫星组成。目前，公司成功通过9次发射将16颗“吉林一号”卫星送入太空，建成了我国目前最大的商业遥感卫星星座，具备了较强的服务能力。

吉林省光电子产业孵化器把握企业发展需求要素，针对企业需求情况，为入驻企业提供信息服务、创业辅导、创新支持、人员培训、市场营销、投融资服务、管理咨询、专业服务等全要素专业化技术服务。

在政策服务方面，孵化器参与策划和制定“璀璨”政策，成为区域内政策条件最优的孵化载体。在孵化器的大力支持下，长光辰谱、长光芯忆、科瑞斯光电等13家企业获批中科院“璀璨行动”计划项目，累计获得房租补贴633万元。同时，为了更好地使企业享受到政府的优惠政策，孵化器积极争取各方资源，保证企业切实得到实惠。2019年，孵化器组织16家企业申报长春新区房租补贴，补贴面积9000平方米，补贴金额100万元。

在技术对接方面，孵化器围绕“双创周”“创响中国”举办“创响吉林”宣讲报告会、“企业有话说”系列沙龙活动之第一期“企业创新发展经验分享”主题沙龙活动、长春新区光电子产业企业家座谈会、中白科技研讨会等大型活动，活动邀请了知名的行业专家、创业导师等，结合自身企业实际，分别从企业发展、技术创新、团队建设、创业经验等方面进行了分享。同时，与政府部门、科研院所、高校、新闻媒体等多方联系，积极扩大影响力。

在投融资方面，建立投融资平台。针对孵化器内中小企业规模小、无抵押物造成的融资难、贷款难的困境，举办建行“普惠金融，实现互利共赢”、招行“金融政策宣讲”活动，创新贷款模式，孵化器内北兴激光、龙波电气、神州视界等企业持续获得建行云税贷支持，解决现金流问题。同时与知名资本机构合作，为创业提供天使投资和多种融资方式。2019年，长春市长光芯忆科技有限公司和长春中科长光时空光电技术有限公司累计获得天使投资1400万元。

在科技支撑与服务方面，依托长春光机所的人才力量，组织成立青年发展促进平台。集合研究所内各研究部门光、机、电类青年骨干科研人员，所属企业董秘、高管，同时邀请社会优秀企业家、资深创业导师等，为双创提供专业的导师服务。

在综合服务方面，与政府、高校和各类中介机构合作，组织策划政策宣贯、创新券交流、对接中介结构等多层次精准服务，解决中小企业对政策不清晰的问题。

（四）孵化器发展展望

作为在“光电子”领域国内顶尖的专业型孵化器，吉林省光电子产业孵化器将继续在专业领域精耕细作，培养出一批行业龙头公司，在支持国家战略、助力地方经济转型、服务社会民生等方面发挥重要作用。

强化投融资服务，解决初创企业资金难题。吉林省光电子产业孵化器将充分运用市场化运作和资本市场的手段，促进创新资源集聚，强化科技金融融合发展，重点解决初创企业资金难题，继续搭建和改善投融资服务平台。一是联合政府设立科技人员创业孵化基金和科技企业创业引导资金，实施政府、孵化器、创业者三者联动，共同参与风险投资。二是鼓励和吸引民间资本、国内外大公司、大企业和风险投资机构等以各种形式投入孵化器，为在孵企业提供资金支持和信用担保等。三是运用信贷、信托、租赁、保险、担保等金融工具，探索成立产业扶持基金，对有潜力的中小企业及优质项目进行投资，与在孵企业形成共进退的强关系。

打造特色产业集群，促进光电子企业做大做强。吉林省光电子产业孵化器将继续致力于打造特色产业集群，加速技术、人才、产业、资金等社会资源之间的整合，争取成为吉林省光电子产业集群创业增长带和大型骨干龙头企业的发源地，并通过孵化器产生集聚效应，实现光电子产业链的优势互补和整合来降低综合成本，实现光电子企业做大做强的目标，推动全省光电信息产业实现跨越式发展。

链接全球创新资源，逐步扩大合作网络。通过参与和举办相关活动，加强与国内外相关机构的联系，构筑连接以省内为主，包括省外与全球创新资源与吉林实体产业的桥梁，聚集优势资源。同时，推进省内科技成果转移转化，吸引省外、全球科技成果落地吉林，逐步扩大合作网络，提升孵化器在全球的竞争力。

四、上海杨浦科技创业中心有限公司——提升产业集群孵化能力，“做全球卓越的产业集群孵化器”

（一）孵化器概况

上海杨浦科技创业中心成立于1997年，是国家级高新技术创业服务中心、国家中小企业公共服务示范平台、上海市高新技术企业、上海市文明单位、上海市企业文化建设示范基地、上海知名品牌示范区和“上海名牌”企业。2016年荣获“第二届中国质量奖提名奖”，2017年总经理谢吉华荣膺“上海市市长质量奖”，成为科技孵化器内第一家获此荣誉的单位，2018荣获亚洲最佳孵化器奖。

在公司董事会的正确领导和大力支持下，中心聚焦“三大任务、一大平台”，紧紧围绕“做全球卓越的产业集群孵化器”战略目标，以服务上海科创中心建设为切入，以提升产业集群孵化能力为核心，不断优化组织结构，细化专业管理，激发内生动力，促进区域融合，经营能力和服务质量再上新台阶。

2019年是中心新一轮五年发展战略的攻坚之年，产业孵化已正式进入推广阶段，中心顺应形势，通过积极布局热点产业领域，深挖服务内涵，助力创新生态建设，为科技创新事业的发展与区域经济的增长做出了卓越贡献。中心全年新引进企业319家，科技创业苗圃新增入驻项目162个，新增产业集群项目4个，新增投资项目4个，为企业融资30亿元，帮助企业获得各类专项资金资助3286万元，为园区3家企业提供科创板上市相关服务，完成租金及其他收入9566.86万元，实现年度税后利润2921万元。

（二）孵化器发展特色

1. 依托“在程创业”APP，助力信息化平台建设

2019年，中心进一步优化轻资产运营模式，依托“在程创业”APP上线运营的基础，守正出新，增设了互动吧、知乎、抖音等全新流量平台发布渠道，将现有企业咨询和需求进行多渠道的发布曝光，并根据各平台的规则，了解发布权重，形成基础流量。全年在新流量平台完成创业主题推文262条，在知乎平台发布创业内容93条，在喜马拉雅音频平台增设《创业融资100问》专辑，累计制作作品13项，获取流量1118人次。

“在程创业”企业管理系统作为中心的基础信息服务平台，经过近3年的运营，不仅后台管理系统完成了集团下辖园区企业的数据迁移，包括超5570家企业，16 800条数据信息，同时将该管理平台设置为四大板块，涵盖信息发布、活动报名、工商注册、知识产权、体系认证、在线交流、个人中心、账号管理等24项功能。伴随“在程创业”APP的企业使用者与日俱增，联络员的走访也推进了此信息化的进程，更加及时性地获取企业基本信息，提高企业服务质量。通过线上平台，联络员全年联络企业近800家次，了解并反馈企业各类需求240余项。

2. 围绕科技成果转移转化，服务功能型平台

（1）紧扣自贸区增设新片区和长三角一体化战略

在国内网络建设上，东部中心顺应形势，在自贸区增设新片区和长三角一体化发展上升为国家战略的大背景下，围绕以上海为中心，江浙沪皖联动，形成辐射全国的技术转移转化渠道网络进行渠道拓展和布点。通过品牌授权+服务+运营的不同组合，结合各分中心不同产业诉求及扶持方向，形成适应不同区域发展特点的建设模式。

长三角技术市场四方联席会议就共建“长三角统一信息平台”合作共识，确定由东部中心牵头负责建设“长三角统一信息平台”。该信息平台通过信息的共享与发布，构建高效、畅通的科技服务流动体系，为长三角区域科技成果落地转化、技术供需对接等提供配套服务，运用市场化手段，建立跨区域技术转移的常态化机制，实现长三角区域的服务共享。此外，东部中心还积极开展了创新券、双创券在长三角区域内的推广，通过“带方案、带平台、带资源、带运营”的“四带”服务开展长三角区域拓展工作。

（2）围绕功能型平台，不断完善功能，激发成果转化活力

东部中心围绕功能型服务平台的建设，不断完善成果数据库、技术商城协同平台及交易服务平台的功能，提升成果汇聚加工评析能力，为全球渠道提供成果供给、成果供需精准匹配和技术转移项目跟踪服务。

3. 加强特色基地的优势资源建设，推动大中小企业融通发展

作为上海市认定的“信息服务产业基地”，中心经过多年的软硬件投入建设，现已建成了较为完善的 IT 专业化服务体系和独特的技术支持平台。园区建立了招商企业、房源信息、孵化服务等管理信息系统，方便一线工作人员及时、准确地查询相关信息，成为日常工作的重要助手。园区管理人员可以通过招商概况、最新动态、入驻情况汇总等模块及时了解部门业务人员各项工作的推进情况，实现对招商、招租和企业服务的全过程精确管理，提高效率。同时，充分利用公众信息化平台，对园区服务及动态进行主动推广，建立了“杨浦创业”微信群。

此外，园区开展区级商标品牌指导站建设。指导站设在园区内，主要围绕园区企业商标注册、运用、管理、保护四大环节，指导企业增强商标注册意识，提升商标运用能力，健全商标管理制度，强化商标维权保护，有效促进园区内商标品牌培育发展，切实服务大众创业、万众创新，有力推动区域经济发展。

4. 围绕培训业务，构建科创培训新体系，提升孵化服务能级

除了常规企业服务的开展，2019 年，围绕重塑服务竞争价值的目标，中心重新调整了孵化服务板块组织架构，通过设立创新事业部加强重点企业服务工作，设立创业学院承接传统孵化及专业培训业务，以成立专业化培训公司为抓手，大力拓展创新创业培训服务。

中心对既有孵化服务工作进行了重新整合，以“创业学院”为运营主体，承接传统孵化及专业培训相关工作，先后承办首届“上海市科技企业孵化器主任研修班”及 2019 中国技能大赛——“四大品牌”技能大赛“区块链服务实体解决方案”专场活动，大力拓展创业培训业务，巩固传统孵化服务。

创业学院也在本次活动上首次与混沌学园合作，设计了创新思维的线上 + 线下的培训模式，通过专题座谈、案例分析、讲师学员互动、翻转课堂和路演竞赛等多样化形式，拓展了学员们的视野，提升了孵化器管理者的创新思维及管理能力。在课程体系研发上，根据上海市人社新技能培训试点工作要求，获得了上海市科委和上海市科技创业中心作为上级主管单位的支持，与外部机构在技术支持和联合招生方面形成合作。

5. 围绕培训业务构建科创培训新体系，提升孵化服务能级

上海杨浦科技创业中心经过 10 多年的发展，2 次管理体制的改革，建立了“创业苗圃—孵化器—加速器”的创业服务链。杨浦加速器建设摆脱了国内依托开发区建设加速器的传统思路，开创了孵化器建设加速器的先河，为国内的加速器建设事业做出了积极的探索和实践。

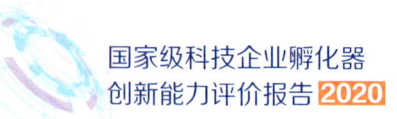

在加速企业的扶持方面，2019年，中心科技金融板块不断进行自我创新，通过整合各方资源，基于“产业、技术、资本”三链深度融合的高效运转，与孵化服务及技术转移板块形成合力。以履约贷创新试点为契机，推动融资工作全面升级，除了做好履约贷的常规受理运营工作外，中心还于2020年年初积极推动了履约贷在杨浦区的创新试点工作。

6. 规范对外投资，优化合作模式，构建全链条的科技金融服务体系

为提升中心金融服务能级，构建全链条的金融服务体系，中心通过与参股企业——力合租赁的合作，完善了科技金融服务的功能和手段。2019年，力合租赁融资租赁业务的申请量急剧提升，全年融资租赁业务较2018年实现投放量翻倍、利润翻倍。中心通过与力合租赁资源及资金的互补，不仅推动了力合租赁业务的发展，为股东方带来了更多经济回报，也通过人员及业务的相互整合，将中心的既有业务，如招商、专业咨询、投融资等业务外溢，借助力合租赁较强的市场开拓能力，将众多服务拓展至其上级单位——力合金控体系的客户群中。

（三）孵化器孵化服务案例

孵化器毕业企业上海悦易网络信息技术有限公司成立于2010年，是国内领先的电子产品回收及以旧换新服务提供商，2011年公司成立爱回收网，专注于手机、笔记本电脑等电子数码产品的回收业务。

上海悦易网络信息技术有限公司（爱回收）早期与中心黏合度不高，针对长期困扰爱回收的废品回收税率问题，中心通过与上海各级政府的有效沟通，先后陪同区政府、区发展改革委、区投促办、区科委等相关政府单位实地走访企业，最终帮助企业成功享受废品回收2%税率，获得了企业的高度认同，爱回收也将原外区业务转移至杨浦。

目前，爱回收的自媒体经过几年的积累已经达到了比较高的知名度，官方微信已经累积了20万以上的用户，平均阅读量达到2万次以上，通过官网及APP的自有banner也能够进行活动的宣传与预热。同时，爱回收积极推进跨界合作，与网约车、手游、出游平台等都联合推出了各种形式的营销活动，在互相的用户群体之间进行推广，以达到拓展用户群的目的。

（四）孵化器发展展望

经过颠覆性的自我革命，杨浦科技创业中心进行了架构重组、顶层优化、管理体系完善、服务运营迭代等一系列“组合拳”的动作之后，已然迈入了科技创新服务的进阶时期，也是中心转型发展的真正开始。

随着国家不断出台政策为科技创新发展助力，杨浦创业中心将继续以助推科技企业成长为使命，不断探索传统孵化器的突破创新，力求在孵化器发展方面探索出一条新的道路，使自身发展

由量变到质变，形成模式的唯一性，为探索创新创业服务模式提供借鉴意义。

五、南京膜材料产业技术研究院有限公司——落实“两落地一融合”战略，打造专业创新孵化载体

（一）孵化器概况

南京膜材料产业技术研究院有限公司（又称“江苏膜科技产业园创业服务中心”）是依托南京工业大学国家特种分离膜工程技术研究中心和材料化学工程国家重点实验室建立的专业化孵化器，也是学校与国家江北新区共同打造的专业化科技产业园区，运营主体是南京膜材料产业技术研究院有限公司。

南京膜材料产业技术研究院有限公司引进了浙江大学、中科院过程所等多个团队入园孵化，目前已经在陶瓷膜、分子筛膜、水处理膜、气体除尘膜、PDMS复合膜等膜材料及装备上形成了大规模产业化，衍生、孵化了包括久吾高科、九思高科、九天高科、久朗高科等多家高科技企业，合计孵化、引进企业共67家（在孵企业51家，毕业企业16家）。其中，培育孵化国家高新技术企业14家，2019年在孵及毕业企业销售收入超过11亿元，膜产业已经成为地方最具代表性的产业之一。

（二）孵化器发展特色

1. 建立国际合作交流机制，打造专业创新孵化载体

（1）聘请国外专家学者，开展高层次人才培育项目

南京膜材料产业技术研究院有限公司以孵化器现有人才优势、平台资源及合作机构为基础，大力开展国际交流与合作。中心定期与国外高校及科研机构开展合作，就膜科技产业领域最新研究成果开展学术交流会进行专业分享，积极邀请国际膜领域专业团队或专家来孵化器考察，针对完善孵化器建设提出指导性意见，建立国际合作交流机制，提升孵化器国际知名度。此外，园区借助自身行业资源和优势，主动承接国内膜专业领域的学术交流会、产业论坛等活动，推动膜产业相关领域深层次的合作与交流，增强凝聚力，提升基地影响力，促进膜产业的提升。南京膜材料产业技术研究院有限公司充分发挥聘请的膜领域国际知名学者Drioli教授作为研究所项目经理的作用，积极开展国际交流与合作，加强学术交流技术创新。

（2）搭建创新创业平台，助推企业发展壮大

南京膜材料产业技术研究院有限公司利用已有社会资源搭建创业平台，鼓励创业，促进就业。

作为孵化基地，园区将创新创业孵化基地建设和创业实训基地建设相结合，项目营运模式以创业者主导和专家指导相结合，产学研一体，重点发展膜相关产业，打造集培训、实训和孵化于一体的专业化创新创业孵化载体。通过对全市范围内膜产业创业者进行创业意识与创业能力初步培训，对培训合格者进行系统孵化与实训，形成一套操作性、实用性强的企业创业辅导实施方案。实训孵化基地每年至少扶持5个膜产业相关项目成功创业，带动近百人就业。此外，园区加大双创宣传力度，通过社会宣传、新闻媒体报道等多种方式倡导鼓励创新创业，总结并推广先进经验，为创业失败者再创业建立必要的指导和援助机制，不断增强创业者的信心和能力，努力营造允许试错、宽容失败的创业氛围。同时，进一步制定完善孵化器自身关于大众创业、万众创新支持政策。

（3）参与国际创新研发机构峰会，创建膜产业知识产权联盟

南京膜材料产业技术研究院有限公司运营主体作为首批备案的新型研发机构，积极参与南京新型研发机构峰会、南京新型研发机构国际合作峰会及南京新型研发机构金融投资峰会，积极发挥自身作用，提升社会影响力。园区全年共接待省部级单位、市级平台单位、科研院所及企业近百家，宣传膜所经验，展示膜所形象，拓展膜所影响力。

南京膜材料产业技术研究院有限公司强化知识产权保护意识，由公司牵头，联合多家企业自愿结盟形成了膜产业知识产权联盟，并在国家知识产权局进行备案。同时，联盟充分发挥其作为各个联盟成员间的桥梁和纽带作用，大力提升膜领域企业创新力、产品市场竞争力和产业生态水平，促使联盟企业在增强知识产权的保护及维权意识的同时推进企业产品的研发升级。

2. 打通上下游产业链，建立全方位咨询服务平台

南京膜材料产业技术研究院有限公司依托南京工业大学图书馆，为入驻孵化器的创业企业提供100多万册的电子图书及20多种数据库，实现信息共享。依托江苏省产业技术研究院的网络资源，搭建了膜科技产业信息平台，为创业企业的定向开发及上下游渠道的搭建提供了可能，认真筛选并引进商业银行、天使投资机构、融资担保机构、税收服务机构等科技服务中介机构，与南京天华专利代理有限责任公司等建立合作关系，邀请中介服务机构指派专员进驻园区，为有需求的企业提供咨询辅导等服务，形成协同工作机制，共同提供创业服务。

（1）发挥资源信息优势，搭建开放共享平台

南京膜材料产业技术研究院有限公司充分发挥公司（产业孵化培育平台）、三大产业化基地（陶瓷膜产业基地、分子筛膜产业基地、特种膜产业基地）及膜科学技术研究所、国家特种分离膜工程技术研究中心（中试开发平台）、材料化学工程国家重点实验室（基础研究平台）等共享平台资源，对在孵企业实行技术开放和人员开放，达到设备仪器、信息、平台及资源的共享，为创业团队和企业提供基于成本价的专业化研发设计、小试中试、技术交流、检验检测、技术查新等服务。

（2）利用专业技术优势，建设分析测试平台

南京膜材料产业技术研究院有限公司为支持园区企业发展，围绕环保水质检测和膜材料检

测，联合江北新区、江苏省产业技术研究院和南京工业大学共同打造膜科技产业园分析测试中心。分析测试中心作为一个专业性的膜应用研发平台，主要基于膜分离技术在污水处理方向进行建设。中心主要由3个部分组成，包括工程中试基地、水质分析部、膜材料分析部。通过3个功能区的建设，能够实现膜法水处理中试、水质检测分析，为膜法水处理技术的工业化应用提供全面、科学的数据支撑，同时，能够为探究新型水处理膜集成新工艺提供良好的研究平台，还能够为膜材料设计制备、膜污染机制与进程的研究提供完备的实验分析检测平台。

（3）搭建公共服务平台，提供技术咨询服务

企业入驻园区，不仅可以享受到从公司设立、管理咨询、战略规划、股权融资、并购整合直到上市辅导的一条龙增值服务，而且可以得到材料化学工程国家重点实验室、国家特种分离膜工程技术研究中心、南京膜材料产业技术研究院的专业技术支持，更加重要的是能够得到一批创业成功者的切身经验和指导，让后来的创业者降低创业风险和创业成本，大幅提高膜科技企业的创业成功率，促进科技成果转化。同时，可以享受园区与企业共同搭建的公共技术平台，承担技术复杂、难度大、有一定特殊要求的环境与可靠性检测，能够开展环境与可靠性检测技术与方法研究、专业标准与规范的制定、环境与可靠性工程技术培训等技术咨询服务。

3. 产学研一体化合作，创新完善孵化产业链条

（1）组建高性能膜创新中心联盟，以资源整合带动人才培养

园区依托材料化学工程国家重点实验室、国家生化工程技术研究中心和国家特种分离膜工程技术研究中心等国家级重点实验室，联合天津工业大学、天邦膜技术国家工程研究中心、北京碧水源膜科技有限公司和化工行业生产力促进中心等33家高校、科研院所、企业和协会共同组建高性能膜创新中心联盟。园区联合相关膜行业企业，通过高性能膜材料设计与微结构调控方法研究，突破膜材料制备的关键技术，建成典型膜材料中试生产线，形成高性能膜材料规模化制备技术，培育出具有国际竞争力的膜产品；通过技术集成、流程优化和装备成套化，形成系列标志性重大科技成果，建成应用示范装置，服务节能减排、改造传统产业等重大需求。整合资源进行技术创新合作和技术转移，培养一批膜领域高级技术及管理人才，建立高水平的技术研发队伍，已成功培育出30多位膜行业企业总经理。

（2）落实“两落地一融合”战略，打造“双百亿”膜产业集聚区

南京膜材料产业技术研究院有限公司结合江苏省产业技术研究院和南京市“两落地一融合”战略发展要求，继续深入改革和创新体制机制，探索产学研合作新路径，充分发挥运营主体政企纽带作用及市场主导作用，着力推进膜应用技术开发、膜应用市场拓展及膜产业园区企业的孵化培育，为中心的发展特别是产业培育与集聚进一步夯实基础。中心作为国家级科技企业孵化器及中试和产业化基地，积极推动孵化器和孵化器内企业发展，有力推进科技成果的快速转化和辐射，最终打造“双百亿”膜产业集聚区，推动江苏省膜产业全面快速发展。

（3）开展“众创空间—孵化器—加速器”链条建设，提升孵化服务水平

南京膜材料产业技术研究院有限公司以科技企业孵化器为中心，已建成一条膜产业前后延伸完整的“众创空间—孵化器—加速器”孵化链条，有效提升了孵化服务的有效性及完整性。在众创空间建设方面，南京膜材料产业技术研究院有限公司众创空间为“南京市众创空间联盟”会员单位，是国家级专业化众创空间。在孵化器建设方面，南京膜材料产业技术研究院有限公司已经完成建筑面积2万平方米的场地建设工作，可为入驻企业提供办公、辅导、培训、生产、技术研发场地等服务，满足企业办公研发等各项需求。在加速器建设方面，南京膜材料产业技术研究院有限公司积极开展相关加速服务，在满足企业加速场地需求的基础上，整合各类创业服务资源为企业提供项目路演、上市培训、财务审计、股改指导、产权交易等创业服务，助力企业快速发展。加速器将不断引入孵化器毕业企业及社会成长性科技企业，为企业快速成长提供更大的发展空间、更强的服务能力。

（三）孵化器孵化服务案例

1. 江苏九天高科技股份有限公司

（1）企业介绍

江苏九天高科技股份有限公司是专业从事渗透汽化膜的研发、生产、应用和服务等业务的科技企业，公司现已建立产学研深度融合的产业技术创新体系。园区通过对接创业导师的方式对其进行专业技术指导，引导其利用孵化器公共服务平台对科研成果进行转化，公司现已拥有国际领先的分子筛渗透汽化膜分离技术和多项自主知识产权。

（2）服务内容

孵化器为公司提供平台资源及科技服务，解决了众多行业现存难题，开发出多个膜应用技术，研发生产的主要产品为渗透汽化膜及其成套设备，用于石化、能源、生物制药、精细化工、电子等行业的有机溶剂与水分离及挥发性有机物（VOCs）回收。

园区针对性地为江苏九天高科技股份有限公司提供相应服务，包括邀请专业技术导师进行指导，开展同行业领域的头脑风暴，邀请公司管理层参加财务法律等经营类相关讲座，协助申报各类企业荣誉资质等，助力企业成长为渗透汽化膜行业的龙头企业之一。

2. 南京寒武纪科技有限公司

（1）企业介绍

南京寒武纪科技有限公司是专业从事高性能膜材料研、产、销的科技企业，公司建立了以市场需求为导向，以企业为主体的产学研结合型产业技术创新体系，对科研成果进行转化，目前拥有特种陶瓷膜、增强型PVDF中空纤维超滤膜、共沸分离膜及气体膜等一系列产品，并得到广泛

的应用推广。

（2）服务内容

公司其依托园区内的膜科学技术研究所科研资源及公共实验平台，坚持以自主创新为主导，在创业导师团队的专业指导下，持续开展科研创新工作，以相对较低的科研成本取得了众多创新型技术突破。针对行业共性技术突破的需求，公司依托园区专业资源，开发出系列膜集成应用技术：膜－催化反应耦合技术、膜法废水深度处理技术、无醇/低醇葡萄酒膜法生产工艺、油气（VOCs）回收工艺、富氧助燃技术、膜法有机物共沸分离等创新应用。

（四）孵化器发展展望

创新成果转化模式，实现技术升值转移。园区在发展过程中开创并形成了江苏省产业技术研究院专业研究所+孵化器一体化运行的成果转化模式，积极寻求国际合作，打通上下游产业链，在未来发展过程中将继续实施"一所两制、统一管理"的创新体制，依托学校、国家特种分离膜工程技术研究中心，组建 PI 学术团队，立足基础原创研究，不断产出高水平原创成果。

依托市场机制，未来将组建创业团队，从事原创成果的"二次开发"，组建技术转移团队，实现技术升值转移，衍生高科技企业，最终实现服务企业创新，引领产业发展。

打造专业化众创空间，提供全方位创业服务。通过总结发展经验，继续推动产学研一体化进程发展，完善产业链发展，旨在打造产、学、研、用紧密结合的专业化众创空间，结合自身优势，搭建导师团队，举办有助于推进创新创业的创业项目路演、创业论坛、创业训练营等活动，引进创新创业的项目入驻。通过不断加强创业软硬件环境建设力度，打造为创业者提供便利化、全要素、开放式服务的创业平台，通过实现创新与创业结合、孵化与投资结合、线上与线下结合，从硬件、资金、资源等多方面为创业者提供全方位、系统化服务，助力创业者实现创业理想。

六、苏州火炬创新创业孵化管理有限公司——"创业资金+创业导师+增值服务"点燃企业高质量发展核心引擎

（一）孵化器概况

苏州火炬创新创业孵化管理有限公司创办于 2005 年 12 月，位于苏州高新区泰山路 2 号，注册资本 1214 万元，是一家以科技创业企业引进、孵化、管理服务为核心，以促进科技成果转化、培养具有高成长性的高新技术企业和企业家为宗旨的科技创业服务机构。

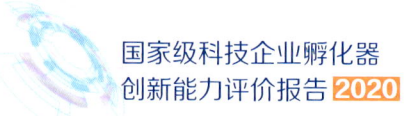

苏州火炬创新创业孵化管理有限公司秉承建立专业孵化服务团队的宗旨，不断加大管理服务人员的培养和服务团队的建设力度。截至2019年年底，孵化器现有管理服务团队人员24人，均获得孵化器从业人员初级资格证书，占比100%，其中5人获得孵化器从业人员中级资格证书。

（二）孵化器发展特色

1. 精准孵化，点燃企业高质量发展核心引擎

为鼓励和扶持科技创业，公司采取“创业资金＋创业导师＋增值服务”的孵化模式，以企业联络员为孵化服务的基础，以资金支持突破企业生存瓶颈，以创业导师制降低企业创业风险，以专业服务提升企业成长速度，为企业提供有效性、全方位、多层次的孵化服务。

（1）投融资服务平台

苏州博济科技创业园以深度孵化服务为基础，通过实施设立种子基金、大学生专项创投基金、创投基金，并采取科技园担保、反担保、统贷统还、联保联贷、信用卡分期、知识产权质押、股权质押、持股孵化等多种创新融资形式，为中小企业提供灵活性、多样化投融资服务，形成以中小企业为主体、孵化服务为基础、科技园为担保、创投基金为纽带的市场化投融资体系，并通过建设中小企业融资数据库系统，全程跟踪服务企业成长的过程，提高风险预警能力，打造一个集约投融资跟进、政府政策咨询、企业绩效提升、全方位风险监控于一体的投融资服务平台。

（2）创业辅导体系

为帮助中小企业更好地成长，公司实行联络员、辅导员、创业导师“三位一体”的创业辅导体系，为园内小微企业进行深入服务，帮助企业成长。

企业联络员是创业辅导服务的基础。苏州博济科技创业园为每个入园企业设定专门联络员，由联络员作为企业服务的端口，点对点提供服务，每半个月到企业走访一次，及时跟踪反馈企业信息，了解需求，并将需求反馈给创业导师和服务团队，有针对性地解决企业难题。

苏州火炬创新创业孵化管理有限公司积极建立创业导师服务制度，聘请了10名来自各个行业的专业创业导师，主要由高校技术专家、政府部门领导、成功企业家、金融专家等组成，涵盖企业管理、投融资、财税、人力资源、产学研辅导、知识产权等。创业导师针对不同领域行业的科技型中小企业进行定期一对一辅导，对企业遇到的各类问题做专业的解析；每月通过上门拜访、电话沟通等方式对企业进行跟踪诊断、辅导，确保企业能够健康成长。同时，公司举办的“博济成长杯”“博济大讲堂”“海纳计划”等活动也邀请创业导师为企业进行创业辅导。创业导师制有效帮助科技企业少走弯路，降低风险，提高核心竞争力，提升成功创业的能力和综合素质。

（3）增值服务

公司采用信息化手段，积极打造中小企业的技术、投融资、人才等服务体系，创新服务模

式，形成以博济基地为基础，以中小企业为对象，以技术创新为杠杆，以资金和人才为纽带的市场化服务体系，并通过建设企业数据库系统，持续跟踪服务企业成长的过程，打造一个集约创业孵化服务、政府政策咨询、企业绩效提升、区域产业集聚于一体的中小企业公共服务平台。

博济坚持培训服务特色，不断创新培训模式，围绕企业战略管理、人力资源、团队打造、市场营销及财务管理等方面，融入独创的课堂教学、案例讨论、实战操练、参访体验、专家论坛等项目，采用前沿的“讲授研讨 + 案例分析 + 集体讨论 + 情景模拟”等授课模式，提升企业家的领导力、决策力和创新力等综合能力，是科技园孵化服务中的一大亮点。

公司与上海交通大学海外学院共同组建了博济商学院。另外，公司开设了博济企业家训练营，为园内外企业家提供企业管理升级、人格创造力塑造及营销管理等专业培训，讲师通过授课、小组讨论、情景模拟、角色扮演、逆向思维等多种形式进行培训，备受企业家们的欢迎，培训效果显著，培训人数 260 余人。

在技术平台方面，苏州博济科技创业园与园内企业共建了检测实验室，为园内电子类企业提供了能效、安规、电磁兼容测试服务，同时组织技术对接会，帮助在孵企业对接科技成果，与同济大学、苏州大学等高校相关课题组建立了紧密合作关系。

2. 以标准化服务为抓手，打造一流孵化器品牌

公司一直致力于打造规范化、标准化的制度，公司制定和执行的“民营科技企业孵化器服务业标准化试点”相继被认定为江苏省服务业标准化试点项目和国家服务业标准化试点项目。主要分为以下 3 个方面。

（1）线下中小企业服务标准化建立

公司将以创建孵化器服务品牌为宗旨，以投融资、技术、项目申报、培训、商务中介、信息网络、营销、物业八大服务平台为基础，以科技孵化服务为基点，建立民营科技企业孵化器标准体系架构，进一步细化为企业基础服务标准和企业成长服务标准。线下企业服务形成了从企业引进、入驻、孵化，到毕业整个过程的服务标准化体系。

（2）线上中小企业服务标准化建立

通过项目公司自主开发的 O’park 园区在线系统，将“实体科技园”与“网络科技园”相结合，依托信息平台，重点打造具有核心竞争优势的四大信息服务体系：融资服务体系、创业辅导体系、创新营销体系、技术服务体系。

（3）科技园连锁运营标准化建立

在现有的科技孵化园区实施连锁经营服务标准体系，通过对项目策划、人员培训、策划定位、企业招商、物业管理企业服务等一系列工作的标准化指导，使企业行为、表现、思路均以最优化的标准为参考，从而降低企业因地域或人员不同所带来的运营风险。

（三）孵化器孵化服务案例

苏州峰极电磁科技有限公司于2019年2月入驻博济科技创业园，注册资金500万元，主要从事雷电及电磁脉冲试验技术研究和设备开发。业务范围涵盖雷电与电磁脉冲环境模拟、大功率脉冲电源、脉冲电压电流测量及雷电与电磁脉冲防护4个部分。

博济科技创业园主要提供了以下4个方面的服务。

人才引进：链接汇思人力资源公司，帮助企业解决招聘难的问题，成功帮助引进5名专业研发人员，为企业研发初期的人力资源奠定了坚实的基础。

知识产权：通过博济科技创业园创业导师对于峰极公司的定期走访，引导企业加强知识产权管理及保护，并且链接合作知识产权机构帮助企业成功申请发明专利1项，实用新型专利2项。

科技政策咨询：担任公司申报顾问，从政策角度助力企业成长，帮助企业规划申请科技型中小企业、研发加计扣除、高新技术企业等一系列荣誉资质。

内部管理：帮助企业建立绩效考核管理体系，提升管理水平。结合自身经验为其量身制定了一套包含行政考勤、岗位职责、项目负责人、项目绩效考核在内的绩效考核管理体系。

通过博济科技创业园的精心培育，公司取得了较快的发展，从原来的5人团队扩展至14人团队规模，2019年，公司完成销售收入257万元。

（四）孵化器发展展望

苏州火炬创新创业孵化管理有限公司坚持“品牌化、专业化、国际化”的孵化器宗旨，以科技支撑经济发展方式转变和促进经济结构调整为主线，以推动科技成果向现实生产力转化和孵化高成长性科技企业、培育高层次创业人才为目标，努力提升孵化器的服务能力，拓展孵化功能。

形象与内涵并重，多维度提升品牌价值。博济科技创业园继续坚持打造一流孵化器品牌，从科技、经信、发展改革、人力资源社会保障等口子申请各类荣誉资质，从资质层面提升品牌形象；继续组织举办各类火炬品牌特色的创新创业活动，如“博济大讲堂”“海纳计划”“火炬创新创业大赛”等，在服务在孵企业的同时，进行品牌推广；重点打造“知识产权”“投融资”“创业辅导”“政策咨询”等公共服务平台，坚持“抓准主业，做精服务，专业外包”的策略，升级创新孵化服务，不断深入探索科技创业园孵化服务模式，增强孵化器核心竞争力，从根本上提升自身的品牌形象，夯实品牌基础。

七、合肥高创股份有限公司——“数字化＋专业化”合力构建“双创雨林”新生态

（一）孵化器概况

合肥高新创业园运营单位合肥高创股份有限公司成立于2003年9月，是合肥高新区管委会直属的科技企业孵化器、加速器和创新平台的运营管理机构。2017年1月，合肥高创成功登陆新三板，成为全国首家在新三板挂牌的国有孵化器管理机构。

合肥高新创业园发展至今，已拥有较强的资源整合能力、齐全的创业服务品牌、众多的优质项目集群及庞大的孵化管理面积。先后获得国家级科技企业孵化器、国家火炬计划软件产业基地、国家级大学生创业基地、国家级软件行业人才公共服务平台、国家技术转移示范机构、国家级小型微型企业创业创新示范基地、全国创业孵化示范基地、全国青年文明号等荣誉资质。

（二）孵化器发展特色

1. 植入数字基因，催生“双创土壤”

合肥高新创业园运用互联网、人工智能等技术，打造了全国领先的智慧孵化标杆——“智慧高创”平台，并提出构建“数字驱动型孵化器”模式，为企业提供更加精准、便捷的服务，打造智慧化、智能化的创新创业服务环境。平台通过绘制企业全景数字图谱，为企业提供个性化服务，并及时监测企业发展情况，主动为企业提供帮助。同时，企业全景数字图谱可以打通高新区各类政策申报及企业服务信息化系统，让政府与企业孵化器管理运营机构实现数据共享。

2. 专业孵化载体，当好“双创园丁”

合肥高新创业园建设运营了集成电路ICC、再生医学平台等多个面向社会开放的公共服务平台，在做强公共服务平台的同时，进一步实现孵化器“专业化＋数字化”转型升级，推动双创更高质量发展再上新台阶。

3. 资源集聚溢出，加速“光合作用”

合肥高新创业园构建了载体、项目、服务、机构“四位一体”“土壤丰沃”的创新创业生态社区。通过“智链生态圈”品牌活动，为企业搭建沟通桥梁，促进产业链上下游精准合作；通过打造服务联盟，集聚创新创业多元资源；通过龙头企业带动，实现大中小企业共通互融，让跃动的创新因子在园区加速聚合、碰撞、裂变，促进多方机构多元共生、协同发展的“光合作用”。

4. 阶梯培育体系，提供“充足养料”

合肥高新创业园把“菜单式”与“订单式”相结合，为创业团队提供人才赋能。打造“集思讲堂+创新学院+研学营地”三大阶梯式人才培育体系。“集思讲堂”主要面向企业基层管理人员，涉及政策解读、项目申报、财税法律、人力资源、市场营销等实务性讲座和培训，2020年全年举办40余期，参加人员超4000人次；“创新学院”主要为企业中高层管理人员开设名师讲坛、导师行动、高管开讲等专业课程，2020年全年举办10余期，600多位园区企业管理人员参与；“研学营地”则为园区企业家开办研修班、创业训练营和创业沙龙等高端交流活动，2020年全年举办了苏州行等6期专场活动，为园区150余位企业家拓展了视野，启发了思路。

（三）孵化器孵化服务案例

1. 合肥宏晶微电子科技有限公司

（1）企业介绍

合肥宏晶微电子科技有限公司成立于2009年，主营业务是芯片设计、软件及系统方案开发，拥有核心自主知识产权400余件，2015年在新三板正式挂牌。公司总部位于合肥，已在深圳设立产品及技术推广中心，在北京、上海、苏州、西安、美国硅谷设立研发中心。

（2）服务内容

从“大水漫灌”到“精准滴灌”，合肥高新创业园积极利用大数据，针对园区科技型小微企业的特点，依托大数据分析手段进行精准分析，为企业提供精准化的贴身孵化服务。

公司选择落户合肥高新区，是因为这里聚集了很多高新技术企业，能够为技术开发产业提供良好的发展空间。同时，还利用青创资金提供资金支持，进行科技项目申请指导，利用科技服务联盟帮助完成科技成果转化。从孵化器初创到加速器发展，再到新三板正式挂牌，宏晶的发展离不开高新区的帮助。

为了更好地让高新区企业健康成长，园区正在推进“一企一策”，为独角兽企业、高成长企业及科技型小微企业提供差异化服务。同时，通过特色沙龙与培训、专业服务联盟等具体措施，为企业发展助力。

2. 科大国盾量子技术股份有限公司

（1）企业介绍

科大国盾量子技术股份有限公司（简称“国盾量子”）是一家在合肥高新创业园成长、发展和壮大的企业，经过多年孵化培育，该公司即将在科创板上市，成为科创板“量子通信第一股”。

（2）服务内容

企业创立之初，中国量子通信产业还是一片“无人区”，这意味着创业团队要独立走出一条路来，面临的艰难险阻可想而知，缺项目订单、缺场地、缺人手、缺经验。

园区在了解具体情况后给予了多方面帮助，从公司的工商注册、研发办公生产场地申请，到在合肥城域网开通仪式上给予后勤支持、为企业稳定发展营造良好的园区环境等，帮助国盾量子度过艰难的起步期。

在园区的帮助下，国盾量子近年来稳步发展，目前已成长为全球领先的量子通信设备制造商和量子安全解决方案供应商，公司经持续自主创新，在量子通信应用技术研发、创新成果转化及产业化推进上取得了系列世界领先的创新成果。

（四）孵化器发展展望

将数字化与专业化融合，合力创建发展新生态。合肥高新创业园将持续秉持“优化创新基因，激发创业梦想”的理念，勇当打造全国孵化器“高质量发展”的排头兵，强党建、强创新、强培育、强服务、强配套，让更多创新要素在园区集聚，完善企业互助共生的“融合创新”有机生态系统，让这片“双创雨林”更加繁茂。

八、广州市达安创谷企业管理有限公司——建设“没有围墙”的大健康产业孵化器

（一）孵化器概况

广州市达安创谷企业管理有限公司（简称“达安创谷”）是生物医药产业的专业孵化器。截至 2019 年年底，总孵化面积为 4.11 万平方米，专职孵化人员 12 人，投资孵化具有自主创新能力的生物医药企业超过 300 家，孵化器在孵企业 60 家。2019 年，达安创谷斩获中国孵化器 TOP 评选“粤港澳优秀孵化器特奖”，获评“广州市科技企业孵化器 20 强”“2019 年粤港澳大湾区新经济企业 TOP100”等荣誉。

达安创谷 2019 年营业总收入达 1100 万元，同比增长 33%。其中，综合服务收入为 600 余万元，投资收入为 200 余万元，物业收入约 300 万元。2019 年，达安创谷为孵化企业提供资源对接服务超过 100 次，产生的销售额达到 3.3 亿元。

（二）孵化器发展特色

1. 垂直孵化提高服务效能，破解过载体化难题

达安创谷发展的一大特色是充分发挥自身在生物医药产业的专业优势，进行垂直孵化，深度

匹配企业需求，形成规模效应。达安创谷拥有4个专业化企业服务平台，分别是专业技术平台、投资孵化管理平台、政策申报平台和营销平台。

达安创谷的专业技术平台依托达安基因现有的专业技术及资源构建，包括开放高通量测序技术平台、核酸提取与PCR自动化平台、药物基因组学平台和芯片平台等。同时，毕业企业广州市达瑞生物技术股份有限公司及广州达安临床检验中心有限公司作为技术平台“辅助线”为孵化企业提供技术支持，包括高通量测序平台、化学发光技术平台、CD-DST平台、串联质谱平台、基因芯片平台、定量PCR平台等。针对生物医药行业企业发展周期长、风险高的特点，为了满足企业需求，孵化器投入45万元建设了线上投资孵化管理平台，对项目投资流程管理、投后服务管理、基金管理、文档归集、财务风险数据分析等提供服务。该平台解决创业团队及企业财务管理观念滞后、融资渠道相对有限、财务制度不健全等关键问题，从解决近期困难到长远规划，助力企业长远发展，目标是孵化企业成熟上市。

政策申报平台致力于协助孵化企业进行政策申报，拥有专业服务团队及政策资深专家库，为企业提供政策信息分享和政策申报、政策解读活动等。线上建立“达安创谷政策申报平台”微信群，进行日常的政策信息分享与交流；线下开展政策解读活动，助力企业正确解读政策，如知识产权政策解读会、4个“黄金十条”政策解读会等。

营销平台建有线上和线下资源展示平台。在线上资源展示平台，微信企业号可以让孵化企业第一时间获得最新活动资讯、联合展会信息、企业大联盟全国实习生巡回招聘等重大信息。此外，达安创谷还不定期举办线上特卖会活动，组建微信团购交流群。目前，特卖会已经为生态圈12家企业带货约45万元。在线下资源展示平台方面，达安创谷投入50万元建设了生态圈展厅。该展厅是专为生态圈内企业量身打造的对外展示企业风采和产品的重要窗口，能够为60多家孵化器企业提供展示空间。

2. 产业孵化培育创业生态，推动企业融合发展

达安创谷通过产业投资，聚集了百余家具有自主创新能力的生物医药企业，形成了具有达安特色的生物产业生态圈。达安创谷通过聚合并链接企业生态圈的成员企业及各方资源，促进并维护生态圈内各企业互相链接形成良好网状结构，加强企业间的沟通和合作，真正形成达安生态系统，推动产业发展，通过品牌影响、销售渠道、技术支持等优势，向生物医药产业链的上下游挖掘新的项目。

达安创谷为生态圈内企业提供品牌嫁接。达安基因作为国内分子诊断试剂行业的龙头企业，拥有在行业内处于市场领导地位的“达安基因”品牌与“达安健康”品牌等。孵化企业可以申请使用“达安基因成员企业”品牌称号，可用于企业招牌、官网、产品外包装、对外宣传等。此外，达安创谷联合生态圈内提供品牌全方案服务的四方传媒公司，与孵化企业密切合作，降低品牌营销成本，树立品牌竞争优势。达安创谷还为生态圈内企业提供销售渠道共享，通过资源共享的方式，开放外界

无法提供的具有生物医药行业特色的八大内部资源平台，即管理孵化平台、产业投资平台、金融服务平台、社会营销平台、医院投资平台、健康服务平台、产业服务平台、研发开放平台。此外，达安创谷不断探索与完善大中小企业融通机制，在大企业与中小企业间搭建流畅运作平台。

3. 技术、资本并重，全方位开展国际合作

达安创谷在国外资本、技术引进和技术输出方面持续发力，拓宽了国际合作的深度与广度。在国外资本引进方面，2019 年达安创谷与美国投资基金 CROSSWAVE 合作设立生物医药产业项目投资基金，专门面向达安创谷推荐的生物医药企业进行投资。

在国外技术引进方面，达安创谷引荐孵化企业奇点医药科技（广州）有限公司、毕业企业达瑞生物与美国知名 CAREDX 器官移植诊断公司进行技术合作。奇点医药科技（广州）有限公司是 2019 年中国创新创业大赛生物医药行业初创组总冠军，其自主开发的“多器官维护”核心技术，可替代人体为离体器官供血供氧，长时间保持离体器官活动与生理功能。

在引导尖端技术走出去方面，在达安创谷积极推动下，国际原子能机构副总干事 Najat Mokhtar 于 2019 年来到达安创谷孵化基地，就孵化企业威佰昆的虫媒项目进行技术交流。

（三）孵化器孵化服务案例

广州达农生物科技有限公司（简称“达农生物”）于 2019 年 7 月成立，专注于非洲猪瘟病毒检测试剂盒及兽用诊断试剂和兽用疫苗的研发、生产和销售。

达农生物成立之初，孵化器为其提供专业技术平台，通过开放实验室及配备相关仪器设备，在诊断试剂领域由专家及技术人才提供指导，协助其进行研发工作。孵化器开放了在生物医药行业独有的公共卫生系统资源和销售渠道，为其快速开拓销售市场。

达农生物获得了孵化资金 168 万元的投资额，为其缓解了产品研发生产和企业日常运营的资金压力。目前，达农生物已获得广州市动物卫生监督所实验室检测试剂供货资格。

（四）孵化器发展展望

助力区域产业集聚，打造产业创新新生态。达安创谷旨在建设“没有围墙”的大健康产业孵化器，以孵化器自身发展为基点，打造具有特色的创新孵化链条——创新链、企业链、资金链三链融合，实现产业孵化，未来发展方向之一是充分利用其专业优势，利用达安创谷在生物医药产业的知名度，推动区域产业集聚，促进生物医药产业不断发展，打造产业创新新生态。通过孵化器的知名度，可以有效促进区域外资源及合适项目落户孵化器，从而促进区域产业的集聚。

进行规模扩张，扩大生态圈辐射范围。达安创谷专注于孵化生物医药健康领域的科技企业，从研发项目到企业上市，全程提供资源和服务，垂直孵化，一孵到底；通过资源共享的方式，开

放内部资源平台，帮助被投资企业实现发展和提高，大大提高了孵化的成功概率。因此，达安创谷计划通过在全国城市布点促进区域产业集聚。下一步，达安创谷将以广州孵化基地为支点，在全国各地推广其孵化模式和生态圈企业，并以此促进区域产业的集聚。

达安创谷将持续引导企业在全国各地的孵化基地落地生根，打造大健康生物医药产业集群。此外，达安创谷也将继续通过开展大企业创新需求对接会等形式，积极推动产业内大中小企业协同发展，打造产业创新新生态。

九、广州华南新材料创新园有限公司——搭建特色服务平台，打造“大中小企业融通型”创新创业特色载体

（一）孵化器概况

广州华南新材料创新园有限公司（简称“华新园”）是新材料行业龙头企业金发科技与高金集团依托自身产业资源牵头打造的广州市第一家龙头企业创办的专业性科技企业孵化器，2014年由科技部火炬中心认定为国家级科技企业孵化器。

华新园打造了一支务实主动、专业创新和具有较高管理水平的服务团队，由具有公司管理、法律、新材料、信息管理、市场营销等专业背景和行业经验的专业人士组成，运营服务团队共19人，均为大专以上学历（研究生8人，本科8人），且17人拥有孵化器从业人员资格证，4人获得赛飞导师证书，具有丰富的园区运营经验及专业的孵化能力。

（二）孵化器发展特色

1. 引领企业迈向创新链、价值链高端，提升核心竞争力

（1）新材料合成与改性实验平台

作为华新园新材料技术服务体系的重要组成部分和创新源头，园区投资1092.0353万元分阶段建成总面积10 608平方米的“新材料合成与改性实验平台”，以满足新材料行业创新企业材料合成、改性、成型及产业化探索需求。可满足入驻企业的不同实验需求，有效帮助企业降低研发成本，提升研发效率。

（2）华新园—金发科技技术合作公共服务平台

为帮助初创期中小企业快速高效地享受优质全面的研发资源，同时提高集团产业资源使用效率，华新园与金发科技共建“华新园—金发科技技术合作公共服务平台”，并通过征集企业需求，园区投资390万元进一步完善平台检测服务功能，将平台检测范围扩充到材料检测的全系列，包括：物性检测、热光电性能检测、其他性能（薄膜）检测共计五大类78种，97个子项。

（3）华新园设备共享平台

园区整合 29 家企业共 68 台实验设备建立线上设备共享平台，让各细分领域的中小微企业有能力和机会，近距离共享彼此专业的研发设备设施，既互通有无、增强沟通，又促进了协同创新、共谋发展的创新创业环境营造。

（4）科协创新服务平台

通过线上线下联动的方式整合科学技术协会各类创新服务资源，打造了科协创新服务平台。成立科学技术协会，建立科协交流群，并围绕科研人员的特点，线上线下联动开展系列针对性服务，包括 BOSS 下午茶、职称评定、技能培训、学术交流、创新培训、青年联谊、国内外考察调研等活动，扩展园区增值服务面和服务深度；导入线上中国科协创新资源共享平台——绿平台，为在孵企业的创新活动降本增效；导入中国科协专利信息咨询系统，为在孵企业提供国内外专利咨询、检索、分析服务；加入“粤港澳大湾区科技协同创新联盟”，为在孵企业提供更多和更优质的科技创新服务。

（5）知识产权综合服务平台

华新园与 15 家知识产权服务机构签订了知识产权服务协议，通过集中采购和资源整合的方式，打造并成功被黄埔区认定为首个“知识产权综合服务平台”。导入“智慧之光知识产权管理云平台”，免费为园企提供知识产权贯标全流程线上辅导管理信息化管理服务；引入广州市黄埔区知识产权局 incoPat 专利查询系统，免费提供给园区企业使用；在园区官网建立园区知识产权线上服务窗口，为在孵企业提供免费的线上辅导、知识产权政策和培训资讯推送，并免费提供相关专业平台的查询账户；线下持续开展各类知识产权服务活动、培训；围绕园区新材料产业，进行专项系统分析，为集群产业发展及专利布局方向提供专利分析报告，并将报告免费提供给在孵企业。

2. 聚焦国际合作，“引进来”与“走出去”并重

（1）引进国际创新资源

首先，华新园积极引进海外高层次人才，由园区总经理主抓，通过软硬件设施的不断完善，与国际和政府人才服务机构搭建引入渠道等方式，至今累计引入海外高层次人才 70 名，创办企业 50 家。其次，园区通过多种途径引进国际优质项目，与海外不同地区、不同机构达成了多层次、全方位的项目引进合作。最后，园区作为中国创交会项目对接成果转化基地，成功链接到创交会承办方——美国国际数据集团（IDG），并达成资本和战略合作意向，实现国际资本引进。

（2）开展国际交流与合作

一方面，积极与国（境）外孵化器开展学习、交流与合作。目前，已与以色列、丹麦、日本、德国、新加坡、中国香港等先进孵化器进行了学习与交流，参与“一带一路”国际科技合作交流，并寻求潜在的合作机会。同时，借鉴国外孵化器先进的运营理念和模式，结合园区自身的实际情况，量体裁衣优化现有运行机制，从而提升园区的运营和管理水平。园区积极组织在孵企业出国

考察，借鉴国外先进的经验，结合企业自身情况进行经营管理的优化调整及设备的升级改造，员工的工作积极性及公司的经济效益都得到很大提升。

另一方面，加强孵化器与国（境）外高校在人才培养、技术成果转化对接等方面的合作，拓展产学研服务的广度、深度。园区与香港科技大学霍英东研究院签订了产学研精准对接合作协议，并与新加坡国立大学达成了长期稳定合作关系。园区积极为在孵企业对接国际资源，通过国际合作，在拓展企业产品新领域、加快企业产品市场化的同时，推动企业走上国际市场。

3. 依托龙头企业，打造大中小企业融通发展新格局

华新园依托龙头企业及集团上市企业在产业资源、品牌、资本、创新及产供销体系等方面的优势，构建以产业龙头企业为核心的集群化、专业化创新合作机制，充分整合资源，协同创新，发挥龙头企业引领支撑作用，实现大中小企业之间多维度、多触点的创新能力及生产要素的共享，推动大中小企业融通发展。

（1）共享产业资源，助力技术融通

华新园整合高金集团旗下上市企业及园区企业的产业资源，通过“新材料合成与改性实验平台”“华新园—金发科技技术合作公共服务平台”“华新园设备共享平台”等技术服务平台，帮助企业享受优质全面的研发资源，同时提高产业资源使用效率，助力企业技术融通。

（2）强化科技金融服务，促进资金融通

园区通过“集团创投孵化 + 资本机构创投 + 集体贷款 + 集体挂牌新四板 + 科技路演（线上线下同步）+ 科技金融政策”的方式，有效推进园区大中小企业的资金融通。

园区与10家资本机构签订了合作协议，包括金发小额贷款、诚信创投、广州股权交易中心、科金控股、凯得融资担保、中国银行及平安银行等，并通过自建、共建等方式设立了3500万元的自有孵化基金。

（3）深化市场营销服务，推动市场融通

华新园为企业搭建各类产品展示、交流、交易平台：一是线上平台——“华新荟(产品展会)”+ 招标信息推送；二是线下平台——产品销售终端（领引书吧产品展示平台）+ “华交会” + “BOSS下午茶” + “BOSS线下走访” + 园企开放日 + 展览展销会等，有效促成企业产品对接和交易，促进供应链协同发展，推动市场融通。

（三）孵化器孵化服务案例

1. 广州市微米生物科技有限公司

（1）企业介绍

广州市微米生物科技有限公司成立于2013年，是一家致力于新型体外诊断技术与POCT产业

融合发展的集研发、生产和销售于一体的生物医药高新技术企业。公司掌握了时间分辨免疫荧光层析的核心技术，拥有 10 多项核心专利，承担了市中小企业技术创新基金和市产学研协同创新重大专项等多项科技项目。公司聚焦于快速检测领域，开发了病原微生物检测、炎症检测、产前检测、心脑血管疾病检测等系列产品，在全国建立了营销网络，其产业化和市场应用处于国内领先水平。

（2）服务内容

华新园主要为微米生物提供了以下 4 个方面的服务。

人力资源服务：一是为其免费提供前程无忧企业招聘账号，促其接收简历超 20 份。另外，根据其招聘需求，为其精准推送简历超 5 份。二是组织其参加园区开展的人力资源招聘技巧培训，促其成功招聘 2 人，并免费为 2 人办理落户。三是举办“华新小课堂”，为其超 30 名员工进行系列培训，提升企业员工整体素质，助力企业快速健康发展。

投融资服务：为其对接中国建设银行、广州诚信创业投资有限公司、广州市金阖股权投资管理合伙企业（有限合伙）、广州市高润投资有限责任公司等投融资机构，并组织其参加科技金融路演、银行投贷联动及中国创新创业成果交易会后期项目对接会等活动，促成其在 2019 年融资 640 万元。

创业辅导服务：一方面，通过对其科技成果、研发技术及财务等多方面分析，推荐并辅导其成功申报 5 项政府项目，包括专利资助、科技型中小企业、高新技术企业复审、瞪羚培育企业认定、生物医药企业入库等，获得政府补贴超 100 万元；另一方面，辅导其参加第八届中国创新创业大赛（广东赛区）暨第七届“珠江天使杯”科技创新创业大赛，并获得生物医药行业优胜奖。

知识产权服务：通过对企业研发成果的评估，为其对接专业中介机构及园区拥有成功国产医疗器械注册经验的高新技术企业——迪澳生物，协助其成功获批 3 项医疗器械产品。

通过华新园的悉心孵化，2019 年微米生物在华新园及园区外共扩大生产场地超 2000 平方米，营业收入为 4064.6 万元，成功认定为小升规入统企业，企业发展登上了新台阶。

2. 广州莲印医疗科技有限公司

（1）企业介绍

广州莲印医疗科技有限公司（简称“莲印医疗”）于 2019 年 2 月入驻华新园，是一家致力于妇产科智慧医疗的“高新技术企业”和“软件企业”，为客户提供“智能硬件 + 信息化软件 + 云平台”智慧妇幼一体化解决方案。公司核心团队在妇产科医疗器械、医疗信息化行业有着深厚的专业背景和坚实的技术积累，持续专注产科监护技术近 30 年，拥有系列自主知识产权、国际先进技术。

（2）服务内容

在莲印医疗的成长过程中，华新园主要提供了以下 4 个方面的服务。

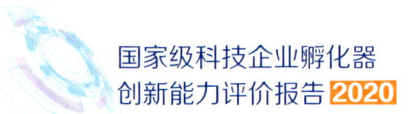

市场营销服务：通过园区的华交会、“BOSS 下午茶”、“BOSS 线下走访”、技术交流行等系列活动，帮助莲印医疗在园区内部开发客户及合作伙伴超过 10 家，包括华银健康、蓝勃生物、极越电子等。

创业辅导服务：一方面，通过对其人才、技术及业务等多方面分析，推荐并辅导其成功申报多个政府项目，包括 2019 年度高新技术企业认定、广州市黄埔区创新创业领军人才、创业带动就业补贴、科技型中小企业认定及 2 项“数字诊疗装备研发”国家重点专项等；另一方面，辅导其参加第八届中国创新创业大赛（广东赛区）暨第七届“珠江天使杯”科技创新创业大赛，并获得生物医药行业优胜奖，推动了企业技术产业化，进一步提高了企业的核心竞争力。

产学研对接服务：通过征集企业技术需求，精准匹配产学研专家，最终促成暨南大学技术入股莲印医疗，按评估作价 800 万元增资到莲印医疗，为企业的创新发展注入新动力。

知识产权服务：一是开展专利申请及专利快速预审备案等培训；二是导入中国科协及区知识产权局资源，为其免费提供中国科协专利信息咨询系统及 incoPat 查询系统。2019 年，成功辅导其申请 8 项发明专利，1 项实用新型。

（四）孵化器发展展望

目前，华新园已成为区域内专业孵化器运营标杆，得到行业内各中小型科技企业创业者及同行的高度认可，实现了品牌输出。未来，在集团的引领下，将集聚更多优质资源，更好地服务于园区企业。

深挖优质资源，促进服务质量再提升。通过“联合、开放、共享、创新”的方式，最大限度整合高金集团、各行业协会、科研院所、专业机构、各级政府部门及园区 500 余家企业在内的各类资源，优化升级公共技术服务平台，为在孵企业提供研发、检验、测试、信息、技能培训、技术交流、创新支持及知识产权等技术服务，引导企业向创新链高端发展、向价值链高端延伸，提升企业创新发展能力及核心竞争力。

建立国际合作平台，汇聚全球创新能量。坚持“引进来”和“走出去”相结合，搭建中外科技、人才、文化的桥梁，为广大创业者提供高端的国际化服务平台，也为园区运营团队提供开拓国际视野的平台。园区下一步将继续加强与 IASP 及国外孵化器的业务交流与合作，集聚国际高端创新资源，建立国际创新合作和产业合作平台，进一步推动园区及企业国际化发展。

十、成都新谷孵化器有限公司——实施“创业天府”行动计划，积极参与打造“3+M+N”格局众创空间

（一）孵化器概况

天府新谷由成都新谷孵化器有限公司整体运营，位于成都高新区核心地带，始建于1994年，最初是四川省各大专院校科技成果转化基地，培育了大批科技型中小微企业。天府新谷2013年被科技部火炬中心认定为全国首批“苗圃＋孵化器＋加速器”科技创业孵化链条建设示范单位，2017年分别被评为省级小企业创业示范基地和国家小型微型企业创业创新示范基地，连续3年被评为国内优秀（A类）国家级孵化器。

为充分发挥科技企业孵化器在科技创新创业促进经济高质量发展中的作用，2019年，天府新谷积极响应国家号召，遵循国家级孵化器建设要求，大力推进科技孵化事业，按照创建“众创空间（创业苗圃）—孵化器—加速器”全孵化链培育体系的规划，完善创新创业生态社区硬件设施，提升各项孵化功能，继续打造向专业化细分领域延伸的“孵化孵化器”创新模式，建立投贷联动，打造金融生态，构建科技金融服务全链体系，并加快运营中美企业创新中心及提升SBC·中国跨境孵化平台，持续推进孵化国际化战略，实现资金、技术、人才的“一进一出一转移”。

（二）孵化器发展特色

1.搭建线上线下公共服务平台，提供专业技术服务

为促进中小企业技术创新、产业集群和区域经济发展，提高中小企业的创新能力和市场竞争力，天府新谷致力于公共技术服务平台的引入、建设与服务，积极搭建线上服务平台、线下专业服务平台，提供专业技术服务。

（1）新建“云上新谷”VR智慧平台

为给载体企业提供零距离、零时差服务，天府新谷着手打造“云上新谷”VR智慧平台，该平台三维立体展示创业社区实景，用三维立体图片取代平面图片效果，让创业社区实景再现，真正实现将“全景新谷”装进口袋，实现千里如咫尺的“零距离、零时差”互动。

（2）加大政企合作，共建技术服务平台

天府新谷持续加大与高新区创新中心、成都市云计算产业对接、亚马逊云等政府、知名企业的合作，利用高新区移动应用软件测试平台、信息安全测试与培训平台、高清渲染、云计算服务平台、亚马逊AWS云服务专家等技术服务平台，为科技型企业构建研发、测试、验证、检验等公

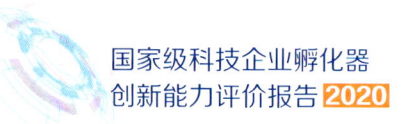

共实验室或研发环境，提供专业化技术服务，降低企业研发和培训成本，优化科技创新环境，增强企业持续创新能力。

（3）积极参与企业自建技术服务平台

天府新谷鼓励并参与园区企业自建技术服务平台。天府新谷已与行业龙头企业打造VR/AR垂直领域孵化器，促进产业向纵深发展，通过打造以虚拟现实为核心的孵化发布运营平台，生产出更多优质的虚拟现实内容IP，形成“成都造”中国西南虚拟现实孵化平台；同时，天府新谷以蓉创学院为基础，联合国内、省内大学及科研院所在园区高度发展，拓展创业教育，构建产学研创新生态系统。

（4）搭建与优化“智慧园区”项目

天府新谷服务于科技企业的技术服务平台，通过建设“智慧园区”项目来实现。目前，天府新谷已建的信息化应用项目包括智慧孵化（线上服务技术平台、微信服务群等）、智慧招商（巨型LED显示屏、新谷在线企业公众号、园区一卡通等）、智慧物业（物业ERP管理软件、停车系统、安防系统等）、智慧办公（智能会议室、OA办公系统等），无论是企业孵化服务、基础设施建设还是日常管理办公，均注入了信息化元素。特别是在智慧孵化方面，建立孵化服务技术平台，提升园区企业服务与管理。同时，在现有模板基础上，预计管理系统将新增如下内容，使孵化服务板块更加具体与规范：一是孵化企业全生命周期管理，包括项目引进、孵化管理、孵化评估、孵化服务、企业成长状态管理等；二是园区互动与孵化服务管理，基于一体化的互联网服务门户，搭建园区互动平台、中小企业服务投融资平台、创新创业服务平台、科技政策服务平台、公共技术服务平台等。

2. 积极响应政府号召，建设融通发展特色载体

大中小企业融通发展是落实党中央、国务院为中小企业发展创造更好条件、推动中小企业创新发展的决策部署，天府新谷积极响应各级政策，不断优化孵化服务，提升服务能力，推进建设融通发展特色载体。

（1）产学研合作方面

2019年，天府新谷以蓉创学院为基础，联合国内、省内大学及科研院所在园区高度发展，带动传统孵化器向创新型孵化器的创新升级。不断融合外部资源，以探索与知名大学合作交流为契机，推进创业教育领域发展，同时，探索新的合作模式，不断融合新内容，发展新经济。除此以外，孵化器通过与省内知名高等院校开展多方面紧密合作，借助高校技术资源为创业企业、团队提供技术导师服务。

（2）大中小企业融通合作方面

2019年3月，天府新谷加入了成都高新区孵化载体业界共治理事会，成为理事长单位，发挥在既有领域的优势资源和组织能力，通过与垂直领域相结合，融合最新技术，整合专业服务，天

府新谷将逐渐向专业孵化器不断延伸，带动园区新经济企业不断发展。与此同时，天府新谷利用自身优势，联合园区中小企业，大力发展区域产业，打造区块链、VR/AR、文创类垂直领域孵化器，现已积极搭建 AI 技术平台、区块链创新实验室，带动园区新经济企业不断发展，提升成都高新区新经济在天府新谷的聚集，引领新经济在成都高新区生根落地。

（3）融通发展支撑能力建设方面

天府新谷大力聚集科技企业，聚集创业要素，聚集科技成果，聚集双创活动，构建以创业人为核心的专业化、平台化科技服务体系。2019 年，天府新谷与全国科技孵化行业联动，持续举办创新创业大赛、菁蓉创享会、创业投资论坛、创业沙龙等各类创新创业活动，以打造品牌化、平台化双创活动的方式，提升创新创业行动与市场联动的开放度、活跃度，通过精准孵化缩短项目转化的市场化周期。

3. 创建全孵化链培育体系，加强完善链条运营

天府新谷按照创建全孵化链培育体系的规划，持续加强孵化链条运营，完善孵化链条体系。创业苗圃探索出开放式工位入驻、定期毕业、长期培养、毕业跟踪的培育体系；众创空间积极汇聚项目交流、股权交易、创新沙龙为一体，聚合地方政府、政策、行业主管部门引导，使创业团队、小微企业与资源“零距离”对接；孵化器以“孵化生态”和“创业生态”的“双生态”模式为基础，构建以创业人为核心的专业化、平台化科技服务体系；加速器瞄准资金、市场等领域的创新资源，与产业同频共振，通过每年蓉创茶馆百余场的精准对接服务活动，高质量路演，助推“新谷系”创业团队、中小企业成功转移转化。

（1）众创空间运营方面

天府新谷积极探索创新孵化换挡升级、提质增效的新型模式。依托天府新谷双创生态社区打造出约 3000 平方米的国家级众创空间的交流交易场所，构建起一个破壳于传统孵化器、植根于全要素孵化链的新型创业生态孵化平台——蓉创茶馆，成为广大创业人、投资人、孵化人交流、交往、交易的双创平台，为高新区创业人、大专院校项目、成果转化者提供了一个聚集性强、面对面、活跃度高的创新服务对接平台。

（2）孵化器运营方面

孵化器以“孵化生态”和“创业生态”的“双生态”模式为基础，构建以创业人为核心的专业化、平台化科技服务体系，同时，聚集科技企业，形成科技转化，完善服务配套，形成成熟的创新创业生态社区，助推成长型科技企业快速发展。

天府新谷参与全国科技孵化行业联动，持续举办创新创业大赛、菁蓉创享会、创业投资论坛、创业沙龙等各类创新创业活动，组织园区企业积极参与，以打造品牌化、平台化双创活动的方式，提升创新创业行动与市场联动的开放度、活跃度，通过精准孵化缩短项目转化的市场化周期。在培育企业的基础上，天府新谷在孵化器建设方面还着力打造新谷 3.0 版，即“新空间”“新

基金”“新视野”，为创业者和投资人创造一个规范、专业、宜于交流的创新创业市场，全力打造集工作、生活、休闲、娱乐为一体的科技企业成长生态社区。

（3）加速器运营方面

天府新谷将具备“瞪羚”“雏鹰”条件、产值达到3000万至2亿元的科技企业积极引入园区，通过专业化的服务，让这些企业更快速落地、规模发展。此外，天府新谷在温江、新津两地打造专业化的科技企业加速器，温江14.5万平方米，入驻企业160余家；新津3.5万平方米，入驻企业40余家，已全面构成“苗圃—孵化器—加速器”孵化体系。而一些小试、中试产品的企业，通过专业化的服务后，再放到温江、新津，为其提供工业厂房，对接产业资源，助推成熟性企业加速对接市场，形成产业同频共振。同时，温江、新津园区还为不同阶段项目对接服务资源，打通市场及发展渠道，并积极响应政府号召，遵循市级加速器要求，全力打造三医、精准医疗、光机电领域等垂直领域的专业加速器。

4. 深入实施“创业天府”行动计划，积极参与打造“3+M+N”格局众创空间

近年来，天府新谷深入实施“创业天府”行动计划，积极参与打造“3+M+N”格局众创空间，通过建立“孵化生态”和“创业生态”双轮驱动，着力打造全孵化培育链，现建成集创新服务、科技成果转化、金融投资服务为一体的综合孵化服务平台，并主要通过举办各类创新创业活动、落实各级政府创新创业支持政策两方面，营造和辐射区域创新创业文化氛围。

（1）营造区域创新创业文化氛围方面

天府新谷为打造创新创业氛围，以众创空间为“交流、交往、交易”媒介，通过各类创新创业活动，为企业、创业人、投资人搭建资源平台，举办以创业座谈、技术交流、行业论坛、产品推荐会、双创集市、人文活动等特色活动为中心的各类创新创业活动百余场。

（2）参与区域创业孵化政策落实方面

为切实落地政府各种政策支持，天府新谷在政府部门的指导下，联合各类培训及中介服务机构，根据政策导向，2019年举办50余场政策类培训会，内容涉及企业管理、财务管理、项目申报、资质认定等方面。

（三）孵化器孵化服务案例

为了配合全球创交会营造氛围，宣传高新区营商环境和人才政策，为中外项目交流、交往提供双创平台，天府新谷联合西部科技金融服务联盟举办“中外项目面对面”资源对接活动，这场“很成都”的中外项目的“对话”徐徐展开，其中包括创业茶馆项目、登革热预后技术项目，致力于改善现代人膳食习惯的锐立斯科技、打造一站式家装平台的橙集暖通，以及海外团队——根据唾液设置个性化瘦身秘籍的EXLR，“远程中医”Kang Healthcare、善于分析混合成分的

ChemoPower，其都在项目路演中亮相。

这次活动不仅让中外创业团队真切地感受到了成都的“双创”氛围，投资人更是对这些“远道而来”的创业项目“青眼相加”。

（四）孵化器发展展望

对于创业企业来说，压力和动力共生，风险与机遇并存，尤其是具有高投入、高风险、高回报特点的科技型创业企业，从初创到成长，风险几乎随伴着企业发展的每个周期。

针对创新创业企业发展规律和痛点，天府新谷携手智纲智库、精工集团，独创性提出“创保合伙”模式。未来，“创保合伙”以保障创业成功、保障创业持续为宗旨，意在构建一个更加体系化的创业孵化生态圈，分担创业风险，共享创业资源，增强企业抗风险能力，实现“合伙”路上的合作协同，达成互助合作共赢的利益共同体，从而最大限度缓解创业者在追求事业时的顾虑和犹豫，让创业者能够更专心于追求自己的事业。

十一、西安中科创星科技孵化器有限公司——“硬科技”创新理念发力科技市场

（一）孵化器概况

西安中科创星科技孵化器有限公司（简称“中科创星”）在西安和北京设立了双总部，是专业从事硬科技产业孵化和创业投资的专业化一站式平台，致力于打造以“研究机构 + 天使投资 + 孵化服务 + 创业培训”为一体的硬科技创业生态。同时，联合高校及研究所，建设专业的人才培养基地，积极引进国内外知名高校人才资源，为硬科技发展提供全方位的人才智库支撑。

经过多年发展，成功探索出人才、技术、资本、服务“四位一体”与“四融合”的科研成果转化模式，将合适的领军人才、成熟的创新技术、专业的天使资本、贴身的孵化服务高度统一，实现了科技与金融、科技与服务、科技与市场、研究机构与社会的有效融合。同时，中科创星积极承担社会责任，致力于科学普及与科学教育，助力科技成果产业化，推动科学与社会深度融合。

（二）孵化器发展特色

1.“硬科技”创新理念，持续发力科技服务细分市场

“硬科技”由中科创星创始合伙人米磊博士在 2010 年提出，经过 10 年的研究、实践与沉淀，硬科技逐渐被市场所接受。作为“硬科技”理念的缔造者，中科创星在这一科技服务细分领域内

不断探索，持续发力。

一是联合国家级战略研究机构、行业领域专家，构建硬科技智库，为硬科技发声。发布《2019中国硬科技发展白皮书》，提出体制机制、产业公地、科技金融、人才体系建设、硬科技氛围营造等方面的探索路径，破解硬科技成果转化的核心瓶颈。

二是聚合政府、科研机构和媒体资源，大力推广硬科技理念，不断扩大细分市场规模。中科创星在西安市委宣传部、市科技局的指导、支持下，举办全球硬科技大会。结合各区县重点科技资源宣传、硬科技企业走访报道、大会亮点提炼、嘉宾观点解读等内容，紧扣科技强国主题，强化树立全民科技自信，以持续推广西安硬科技产业发展及城市品牌形象为宣传主线，为大会营造了良好的舆论氛围。

中科创星积极和清华大学、中国科学院大学、西安交通大学、西北工业大学、西安邮电大学等高校院所合作，搭建产学研联动机制，助力硬科技市场的发展。在与科研院所的合作方面，中科创星共承担科研项目6项，包括与清华大学合作“基于互联网+的全链条协同创新孵化平台研究及应用示范”，独自承担了课题3个项目的研究，累计投入经费超过800万元，承担陕西省重点研发计划“科技型中小企业服务平台关键技术研发”、市科技计划“硬科技之都建设规划和发展政策研究”、科技局“现代服务业项目”，累计投入经费超2000万元。此外，与清华大学、西北工业大学、西安邮电大学等高校签订合作协议，共建校外实践基地，在理论研究、实践实习、项目研发等方面开展多形式、多层次的合作与交流，全面提升双方的自主创新能力。

2. 打造全链条孵化体系，推进行业标准化建设

随着我国创新驱动战略的实施和中小企业创新主体地位的确立，我国科技创业活动日益活跃，科技型中小企业大量涌现。不同领域、不同业态、不同发展阶段的企业在要求创业孵化差异化的同时，也要求各种服务在空间上的聚集，形成一个良好的创业生态网络，为企业发展赋能。针对孵化行业发展的趋势和要求，中科创星提出以孵化器自身建设为核心，打造“众创空间—孵化器—加速器”一体化的科技孵化链条，针对不同发展阶段的科技企业，提供差异化服务。中科创星对早期创业团队提供创业大赛辅导、种子资金、BP辅导等培育入孵工作；对孵化器内企业提供专业的天使基金及投后孵化服务等高质量的增值服务，对具有高成长性的企业不仅要“扶上马”，还要“送一程”，为其提供创业投资基金及其他资源对接等服务，帮助企业快速抢占市场，高速成长。

针对初创期团队及企业有意向创业的科研人员、大学生、留学人员等，中科创星开展创业实习，为优秀创业团队和项目提供专业、系统的“预孵化”服务，具体包括提供办公场地、青年创客训练营培训计划、虫洞培训课程、线下沙龙工作坊、创业大赛辅导、BP辅导、工商注册等系统培训服务，此外，还专门发起“种子基金”，解决初创项目及团队启动资金的问题。目标是提高创业团队专业素质和技能，降低创业成本和风险。

此外，中科创星也积极参与科技创业孵化服务链条标准建设。作为第四批服务业标准化试

点，中科创星不断推进标准化孵化服务平台建设。基于其丰富的孵化、投资经验，根据企业服务流程需要，制定了“孵化企业筛选标准”“孵化企业服务标准”“在孵企业毕业标准”“在孵企业创业辅导服务标准”“基金管理服务标准”等服务标准化体系。

（三）孵化器孵化服务案例

西安奇芯光电科技有限公司（简称“奇芯公司”）于2014年2月成立，公司主要股东为西科控股、“西科天使”基金和光子集成项目研发团队主要成员。目前被认定为高新区瞪羚企业，西安市首批独角兽种子企业。

从核心团队的引进到公司成立，中科创星提供了全流程的保姆式服务。具体如下。

资金支持：由中科创星“西科天使”基金作为主发起人出资成立奇芯公司。从公司成立起，中科创星直管基金—天使一期、先导基金、成长基金，共对其投资三轮，投资金额超过2000万元。目前，已经协助公司完成多轮融资。

增值服务方面：积极为企业提供政策咨询、投融资对接、品牌宣传、人才招聘等多维度服务。协助企业在人民网上发布《奇芯光电，发展硬科技解决光电子的无“芯”之痛》。

人才引进：孵化器为国外技术人员组织租房、工作签证，作为中介机构积极引进国外技术团队。

物理空间：孵化器为团队和公司提供办公地点、帮助企业落户陕西光电先导技术研究院。

该公司研发项目的实施将彻底颠覆我国传统的光通信产业链生态格局，通过掌握具有自主知识产权的光子集成芯片研发及封装测试等技术，实现我国光通信产业从电子工业的晶体管时代到集成电路时代的进化，同时将打破光通信芯片完全依赖进口的格局，填补代表“中国芯”的市场空白。

（四）孵化器发展展望

打造离岸创新中心，集聚国际双创资源。在创始人的“硬科技”理念的指导下，中科创星深耕全产业链条孵化，并在未来寻求更广泛的合作。在国际合作方面，目标是建设中科创星离岸创新中心，同时，积极引进国内外高端创新创业人才、团队、技术、项目。

建设海外科技信息搜索平台。积极引进海外双创资源的同时，中科创星也持续推进海外科技信息搜集平台的建设。平台建设将借鉴北京中关村、深圳市、上海张江、武汉东湖等海外离岸创新中心建设模式，致力于实现创新资源自由流动产生乘数效应、循环效应、规模效应和输出效应。

附录 1

科技企业孵化器评价指标体系介绍

一、评价背景

为推动科技企业孵化器（以下简称“孵化器”）高质量发展，完善孵化服务体系，提高孵化服务水平，发挥孵化器在加速科研成果转化、加快培育新动能、促进地方经济转型升级、推动科技和经济融通发展中的重要作用，根据《科技企业孵化器管理办法》（国科发区〔2018〕300号）的要求，研究制定《科技企业孵化器评价指标体系》（以下简称“指标体系”）。

二、评价方法

1. 评价范围：国家级科技企业孵化器。

2. 评价频率：每年开展一次评价工作，评价周期为当年1月1日至12月31日。

3. 评价方法：根据孵化器类型和各指标的重要程度赋予不同的权重，分别计算各指标得分，采用综合加权评分的方法计算基础指标得分，根据孵化器类型赋予加分项得分，二者相加得出孵化器综合评价得分。

4. 评价组织实施：国家级孵化器按照有关要求，按期如实上报统计数据、报告和佐证资料。火炬中心按照规定程序组织开展评价工作，发布评价结果，并将评价结果作为支持国家级孵化器发展的重要依据。不按规定时间和要求填报数据、提供评价资料或提供虚假评价资料的国家级孵化器，当年考核不合格。

5. 评价结果：评价结果分为优秀（A）、良好（B）、合格（C）和不合格（D）四个等级，用于支撑国家级科技企业孵化器政策制定和调整，引导地方优化调整相关支持政策。连续两次评价等级为D的，取消国家级科技企业孵化器资格。

三、指标体系

一级指标	二级指标	综合孵化器权重	专业孵化器权重	指标类型
服务能力（30%）	1.1 孵化器孵化基金总额	5%	5%	定量
	1.2 创业导师平均对接企业数量	4%	4%	定量
	1.3 孵化器签约中介服务机构数量与在孵企业总数的比例	5%	5%	定量
	1.4 孵化器公共技术服务平台建设和开展技术服务情况	4%	6%	定性
	1.5 孵化器开展产学研合作、推动大中小融通等方面的工作及成效	5%	5%	定性

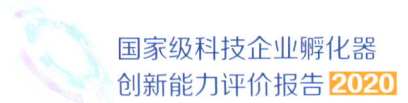

续表

一级指标	二级指标	综合孵化器权重	专业孵化器权重	指标类型
服务能力（30%）	1.6 孵化器开展“众创空间—孵化器—加速器”链条建设工作及成效	3%	2%	定性
	1.7 孵化器开展国际合作和引进国际创新资源方面的工作和成效	4%	3%	定性
孵化绩效（55%）	2.1 孵化器在孵企业总收入增长比例	6%	6%	定量
	2.2 获得投融资的在孵企业数量占在孵企业总数的比例	6%	5%	定量
	2.3 孵化器新增在孵企业数量占在孵企业总数的比例	6%	5%	定量
	2.4 孵化器新增毕业企业数量占在孵企业总数的比例	6%	4%	定量
	2.5 孵化器在孵企业研发总投入占在孵企业总收入的比例	6%	8%	定量
	2.6 孵化器在孵企业知识产权授权数与在孵企业总数的比例	6%	8%	定量
	2.7 孵化器在孵企业中科技型中小企业、高新技术企业数量占在孵企业总数的比例	10%	10%	定量
	2.8 孵化器在孵企业和毕业企业中上市（挂牌）、被并购或销售收入超过 5000 万元的企业数量	5%	5%	定量
	2.9 孵化器在孵企业吸纳大专以上人员就业人数占在孵企业总人数的比例	4%	4%	定量
可持续发展（15%）	3.1 孵化器总收入增长比例	6%	6%	定量
	3.2 孵化器综合服务收入和投资收入占孵化器总收入的比例	5%	4%	定量
	3.3 专业孵化服务人员与在孵企业比例	4%	5%	定量
加分项指标	孵化器带动区域创新创业情况	5 分		定性
	孵化器对区域产业发展的促进作用		5 分	定性

四、指标说明

（一）服务能力

1.1 孵化器孵化基金总额：孵化基金是在政府、开发区、民间的拨款、捐款、周转金、股资入股等多种形式支持下，由孵化器自己建立或者合作建立，用于扶持在孵企业发展的专项基金。考察孵化器投资能力。

1.2 创业导师平均对接企业数量：创业导师对接企业数量是指与创业导师签订辅导协议的企业总数。创业导师平均对接企业数量指创业导师对接企业数量与创业导师数量的比例。考察孵化器创业导师服务能力。

1.3 孵化器签约中介服务机构数量与在孵企业总数的比例：签约中介机构数量是指与孵化器签订合同的为在孵企业提供各类专业服务的中介机构的数量，包括会计、律师事务所、知识产权、检验检测等。考察孵化器为在孵企业对接社会网络资源的能力。

1.4 孵化器公共技术服务平台建设和开展技术服务情况：指孵化器开展线上线下平台建设、专业技术服务平台建设、提供专业技术服务的情况。考察孵化器技术服务提供能力。

1.5 孵化器开展产学研合作、推动大中小融通发展等方面的工作及成效：指孵化器与高校、科研院所、大企业等主体合作，开展技术对接、成果转化、联合研发、人才培养、资金融通、品牌嫁接、资源共享等方面的合作情况。考察孵化器对接技术和市场资源能力。

1.6 孵化器开展“众创空间—孵化器—加速器”链条建设工作及成效：指孵化器提供覆盖从种子苗圃、创业团队、小微企业到成熟企业的全流程服务情况。考察孵化器全链条服务能力。

1.7 孵化器开展国际合作和引进国际创新资源方面的工作和成效：指孵化器与国外孵化机构、高校、企业等开展合作、参与“一带一路”国际科技合作，以及在引进人才、项目、资本等方面的工作和成效。考察孵化器开展国际化建设、整合国际创新资源的能力。

（二）孵化绩效

2.1 孵化器在孵企业总收入增长比例：指孵化器本年度在孵企业总收入相比上一年度企业总收入增长比例。考察孵化器在孵企业成长性。

2.2 获得投融资的在孵企业数量占在孵企业总数的比例：指孵化器内获得股权、债权等多种融资的在孵企业的数量与在孵企业总数的比例。考察孵化器投融资服务成效。

2.3 孵化器新增在孵企业数量占在孵企业总数的比例：指孵化器当年新增入孵企业数量占评价周期末在孵企业总数的比例。考察孵化器的孵化效率。

2.4 孵化器新增毕业企业数量占在孵企业总数的比例：指孵化器当年新增毕业企业数量占评价周期初在孵企业总数的比例。考察孵化器的孵化成效。

2.5 孵化器在孵企业研发总投入占在孵企业总收入的比例：指孵化器在孵企业研发总投入占在孵企业总收入的比例。考察在孵企业研发能力。

2.6 孵化器在孵企业当年知识产权授权数与在孵企业总数的比例：指孵化器内在孵企业当年知识产权授权数（包括专利、软件著作权、集成电路布图设计、植物新品种等）与在孵企业总数的比例。考察在孵企业研发创新成效。

2.7 孵化器在孵企业中科技型中小企业和高新技术企业数量占在孵企业总数的比例：指在孵企业中科技型中小企业数量和高新技术企业剔除重复的数量之和占在孵企业总数的比例。考察孵化器在孵企业整体发展质量。

2.8 孵化器在孵企业和毕业企业中上市（挂牌）、被并购或销售收入超过5000万元的企业数量：指孵化器在孵企业和毕业企业中，上市（挂牌）、被其他企业收购或控股的，或销售收入超过5000万元人民币的企业的存量。考察孵化器成功培育企业能力。

2.9 孵化器在孵企业吸纳大专以上人员就业人数占在孵企业总人数的比例：孵化器在孵企业吸纳大专以上人员就业人数与在孵企业从业人员总人数的比例。考察孵化器带动高质量就业成效。

（三）可持续发展

3.1 孵化器总收入增长比例：指孵化器当年总收入比上一年度总收入增长比例。考察孵化器持续运营能力。

3.2 孵化器综合服务收入和投资收入占孵化器总收入的比例：指孵化器除房屋及物业收入外的收入占总收入的比例。考察孵化器收入结构的可持续性。

3.3 专业孵化服务人员与在孵企业比例：指孵化器内具有创业、投融资、企业管理等经验或经过创业服务相关培训的孵化器专职工作人员与在孵企业总数的比例。考察孵化器服务团队的能力。

（四）加分项

1. 孵化器带动区域创新创业情况：指孵化器参与区域创业孵化政策研究落实，推动孵化器联盟、协会建设，提升区域孵化整体水平开展的工作及成效，开展创新创业活动营造区域创新创业文化氛围情况。

2. 孵化器对区域产业发展促进情况：指专业孵化器在服务区域产业发展、促进区域产业集聚、打造产业创新生态方面开展的工作及成效。

附录 2

2019 年度国家级科技企业孵化器评价结果

一、综合类国家级科技企业孵化器评价结果

综合 A 类

1	北京北航天汇科技孵化器有限公司
2	北京赛欧科园科技孵化中心有限公司
3	北京望京科技孵化服务有限公司
4	北京中关村国际孵化器有限公司
5	汇龙森国际企业孵化（北京）有限公司
6	中关村科技园区海淀园创业服务中心
7	汇龙森欧洲科技（北京）有限公司
8	北京搜宝创展科技孵化器有限责任公司
9	北京普天电子城科技孵化器有限公司
10	北京斯坦福科技孵化器有限公司
11	天津滨海高新技术产业开发区国际创业中心
12	天津海泰企业孵化服务有限公司
13	天津华科企业孵化服务有限公司
14	方亿科技企业孵化器有限公司
15	石家庄市科技创新服务中心
16	唐山高新技术创业中心
17	保定高新技术创业服务中心
18	张家口西山联创科技企业孵化器有限公司
19	启迪（太原）科技园投资发展有限公司
20	包头稀土高新技术产业开发区科技创业服务中心
21	大连市高新技术创业服务中心
22	哈尔滨工业大学国家大学科技园发展有限公司
23	上海漕河泾新兴技术开发区科技创业中心
24	上海同济科技园孵化器有限公司
25	上海杨浦科技创业中心有限公司
26	上海慧谷高科技创业中心
27	南京金港科技创业中心

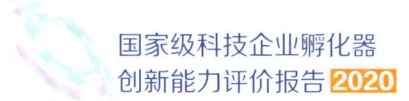

续表

28	南京市雨花台区科技创业中心
29	南京新港科技产业服务有限公司
30	南京新城科技创新发展有限公司
31	江苏启迪科技园发展有限公司
32	江宁开发区科技创业服务中心
33	南京慧智灵杰投资管理有限公司
34	南京幸庄科技产业园（永阳）资产管理有限公司
35	南京化院中山科技创业园有限责任公司
36	南京未来科技城经济发展有限公司
37	南京高淳科技创业中心有限公司
38	南京中科创新广场创业服务中心
39	无锡惠山高新技术创业服务中心
40	无锡高新科技创业发展有限公司
41	无锡留学人员创业园发展有限公司
42	无锡锡山科技创业园有限公司
43	江阴高新技术创业中心
44	徐州高新区大学创业园有限公司
45	常州三晶世界科技产业发展有限公司
46	溧阳市高新技术创业中心
47	苏州市吴中科技创业园管理有限公司
48	苏州火炬创新创业孵化管理有限公司
49	苏州高新技术创业服务中心
50	张家港市高新技术创业服务中心
51	昆山高新技术创业服务中心
52	昆山莘莘科技发展有限公司
53	吴江汾湖科技创业服务有限公司
54	常熟东南高新技术创业服务有限公司
55	苏州独墅湖科教发展有限公司
56	张家港沙洲湖科创园发展有限公司

续表

57	张家港保税区科技创业发展有限公司
58	南通高新技术创业中心有限公司
59	南通高新技术创业服务中心
60	镇江高新区高新技术创业服务中心
61	丹阳市高新技术创业服务有限公司
62	句容科容创业服务有限公司
63	杭州市上城区科技创业中心
64	杭州市高科技企业孵化器有限公司
65	浙江银江孵化器有限公司
66	浙江高校科技园发展有限公司
67	杭州华业高科技产业园有限公司
68	浙江杭州湾信息港高新建设开发有限公司
69	杭州枫惠六和桥创投科技有限公司
70	宁波经济技术开发区科创园发展有限公司
71	宁波高新区甬港现代创业服务有限公司
72	宁波市鄞州鄞创大学生创业园管理服务有限公司
73	温州高新技术产业园区创业服务中心
74	嘉兴科技创业服务中心
75	桐乡市科技创业园管理服务有限公司
76	海宁市科创中心投资有限公司
77	金华科技园创业服务中心有限公司
78	台州市椒江区科技创业服务有限公司
79	合肥国家大学科技园发展有限责任公司
80	合肥高创股份有限公司
81	合肥高新技术创业服务中心
82	合肥安大科技园发展有限公司
83	安庆市高新技术创业服务中心
84	厦门高新技术创业中心有限公司
85	厦门海峡科技创业促进有限公司

续表

86	南昌高新开发区创业服务中心
87	九江恒盛科技发展有限责任公司
88	赣州市创业服务中心有限公司
89	赣州恒科东方实业有限公司
90	济南高新技术创业服务中心
91	青岛前哨精密机械有限责任公司
92	青岛市工业技术研究院
93	黄河口高新技术企业创业园
94	烟台高新技术创业服务中心
95	烟台留学人员创业园区管理服务中心
96	烟台高新技术产业园区中俄高新技术产业化合作促进中心
97	潍坊高新技术创业服务中心
98	济宁高新技术创业服务中心
99	临沂高新技术创业服务中心
100	河南省大学科技园发展有限公司
101	郑州经济技术开发区留学人员创业园管理服务中心
102	郑州高新技术产业开发区创业中心
103	郑州高新区大学科技园发展有限公司
104	郑州黄科企业管理咨询有限公司
105	河南省留学创业投资有限公司
106	洛阳高技术创业服务中心
107	河南尚合企业孵化器有限公司
108	武汉留学生创业园管理中心
109	武汉岱家山科技企业孵化器有限公司
110	荆门开源高新技术创业服务有限公司
111	长沙新技术创业服务中心
112	长沙高新技术产业开发区创业服务中心
113	湖南麓谷科技孵化器有限公司
114	广州市高新技术创业服务中心

续表

115	广州市海珠高新技术创业服务中心
116	广州火炬高新技术创业服务中心
117	广州国际企业孵化器有限公司
118	广州中山大学科技园有限公司
119	中国科协广州科技园联合发展有限公司
120	广州启盛科技企业孵化器管理有限公司
121	深圳市银星投资集团有限公司
122	深圳高新奇战略新兴产业园区管理有限公司
123	深圳市国高育成投资运营有限公司
124	深圳市宝安华丰实业有限公司
125	深圳市汇聚新兴产业有限公司
126	深圳市北大方正数码科技有限公司
127	深圳市星河雅创投资发展有限公司
128	珠海高新技术创新创业服务中心
129	珠海清华科技园创业投资有限公司
130	横琴金投创业谷孵化器管理有限公司
131	佛山市南海区广工大数控装备协同创新研究院
132	江门市高新技术创业服务中心有限公司
133	东莞市天安数码城有限公司
134	东莞市中科科技企业加速器有限公司
135	广东新基地产业投资发展股份有限公司
136	广西联讯投资有限公司
137	北海高新技术创新创业服务中心
138	成都高新技术产业开发区技术创新服务中心
139	成都新谷孵化器有限公司
140	成都海峡教育科技产业开发有限公司
141	绵阳西南科技大学国家大学科技园有限公司
142	内江市高新技术创业服务中心
143	贵阳高新技术创业服务中心

续表

144	西安高新技术产业开发区创业园发展中心
145	西安中科创星科技孵化器有限公司
146	甘肃省高科技创业服务中心

综合 B 类

1	北京汉潮大成科技孵化器有限公司
2	北京瀚海润泽科技孵化器有限公司
3	北京华海基业科技孵化器有限公司
4	北京启迪创业孵化器有限公司
5	北京中关村京蒙高科企业孵化器有限责任公司
6	中关村科技园区丰台园科技创业服务中心
7	北京康华伟业孵化器有限责任公司
8	北京东升科技企业加速器有限公司
9	北京科大方兴科技孵化器有限责任公司
10	中关村意谷（北京）科技服务有限公司
11	北京东方嘉诚文化产业发展有限公司
12	锋创科技发展（北京）有限公司
13	天津市科技创业服务中心
14	天津火炬鑫茂创业服务有限公司
15	天津科丽泰科技企业孵化器有限公司
16	天津市帅超科技园
17	天津青年创业园管理有限公司
18	天津凌奥创意科技企业孵化器有限公司
19	清控科创（天津）科技园管理有限公司
20	天津华鼎科技企业孵化器有限公司
21	天津光彩圣火科技企业孵化器有限公司
22	天津市赛达启航科技企业孵化器有限公司
23	天津鑫恩华创业服务有限公司
24	天津智慧山企业孵化器有限公司

续表

25	石家庄鹿岛创业孵化器有限公司
26	河北方大科技股份有限公司
27	唐山宝升昌全球创客孵化器有限公司
28	唐山百川创新科技服务有限公司
29	秦皇岛市育兴高新技术创业有限公司
30	邯郸高新技术创业服务中心
31	邯郸市科苑企业孵化器有限公司
32	保定同方智慧园区运营有限公司
33	张家口博创智造孵化器有限公司
34	沧州市科技创业中心
35	三河燕郊新技术创业服务中心
36	廊坊科技企业孵化器有限公司
37	兴远高科（三河）孵化器有限公司
38	华夏幸福（固安）产业港投资有限公司
39	衡水高新技术产业开发区创业服务中心
40	山西省高新技术创业中心
41	太原留学人员创业园
42	山西山大科技园有限公司
43	阳泉市高新技术创业服务中心
44	长治高新区创业服务中心
45	沈阳东大科技企业孵化器有限公司
46	沈阳市高科技创业中心有限公司
47	沈阳市和平区高新技术企业创业服务中心
48	沈阳国际软件园有限公司
49	芝傥信息技术（大连）有限公司
50	大连一路同行企业孵化园有限公司
51	长春科技创业服务中心
52	吉林省吉青创业服务有限公司
53	长春净月高新技术产业开发区高新技术创业服务中心

续表

54	吉林省惠融企业服务有限责任公司
55	哈尔滨理工大学科技企业孵化器有限责任公司
56	哈尔滨高科技创业中心
57	哈尔滨工程大学科技园发展有限公司
58	哈尔滨哈以孵化器管理有限公司
59	齐齐哈尔高新区创业中心
60	大庆高新技术创业服务中心
61	上海上大科技园发展有限公司
62	上海市科技创业中心
63	上海张江高新技术创业服务中心
64	上海复旦科技园高新技术创业服务有限公司
65	上海市静安区科技创业中心
66	上海莘闵高新技术开发有限公司
67	上海张江企业孵化器经营管理有限公司
68	上海上理创业服务有限公司
69	上海环保科技园有限公司
70	江苏永嘉工业科技发展有限公司
71	江苏省高新技术创业服务中心
72	南京科技创业服务中心
73	南京江宁高新技术创业服务中心
74	江苏博济堂科技创业服务有限公司
75	南京科瑞创业服务有限公司
76	南京滨江科创投资有限公司
77	南京工大科技产业园创业中心（南京工大科技产业园股份有限公司）
78	南京溧水科技发展有限公司
79	南京江宁高新园科技创业服务管理有限公司
80	南京秦淮区晨光一八六五科技企业孵化器
81	南京钟山创意产业发展有限公司
82	无锡山水城科技创业服务有限公司

续表

83	无锡市新区旺庄科技发展有限公司
84	无锡力合科技孵化器有限公司
85	无锡中关村软件园发展有限公司
86	徐州软件园发展有限公司
87	邳州市高新区科创园投资发展有限公司
88	长江龙城科技有限公司
89	常州天宁新动力高新技术创业服务有限公司
90	常州汇智创业孵化管理有限公司
91	苏州工投科技创业园有限公司
92	苏州博济堂科技创业孵化管理有限公司
93	苏州留学人员创业园
94	苏州工业园区科技发展有限公司
95	吴江科技创业园管理服务有限公司
96	太仓市科技创业园有限公司
97	苏州吴中科技园创业服务中心有限公司
98	常熟高新技术创业服务有限公司
99	西交科创发展（苏州）有限公司
100	吴江滨湖新城科创园管理服务有限公司
101	苏州工业园区一能科技创业孵化管理有限公司
102	张家港市锦丰科技创业发展有限公司
103	苏州福履投资管理咨询有限公司
104	浙江大学苏州工业技术研究院
105	苏州小样科技服务有限公司
106	海安开发服务中心（海安高新技术创业服务中心）
107	淮海工学院大学科技园有限公司
108	淮安市高新技术创新中心
109	盐城高新技术创业园有限公司
110	大丰市科技创业园有限公司
111	扬州高新技术创业服务中心

续表

112	扬州市邗江区高新技术创业服务中心
113	高邮市科技创业中心
114	江苏扬州广陵经济开发区高新技术创业服务中心
115	扬州扬大科技园有限责任公司
116	扬州交大科技园发展有限公司
117	扬中市科技创业服务中心
118	泰兴科技创业服务中心
119	姜堰市高新技术创业中心
120	兴化市科技创业中心
121	沭阳县科技创业服务中心
122	杭州市拱墅区科技创业中心
123	浙江大学科技园发展有限公司
124	杭州高新技术产业开发区科技创业服务中心
125	杭州市下城区科技创业中心
126	颐高科技创业园有限公司
127	临安市科技孵化中心
128	杭州余杭高新园区孵化器有限公司
129	杭州汇林农业孵化器有限公司
130	杭州天盛科技创业服务有限公司
131	杭州恒生百川科技有限公司
132	浙江向上创业投资管理有限公司
133	和瑞科技（杭州）有限公司
134	临安市阿凡提企业管理有限公司
135	杭州青山湖银江孵化器有限公司
136	宁波市科技创业发展有限公司
137	浙大科技园宁波发展有限公司
138	宁波保税区科技促进中心
139	宁波市鄞创科技孵化器管理服务有限公司
140	温州市大学科技园发展有限公司

续表

141	嘉善县科技创业服务有限公司
142	浙江秀洲科技创业发展有限公司
143	嘉兴颐高数码科技有限公司
144	长兴民营科技园发展有限公司
145	湖州吴兴区科技发展有限公司
146	德清县科技创业服务有限公司
147	德清智创产业园建设发展有限公司
148	绍兴市高新技术创业服务中心
149	浙江义乌高新区投资运营有限公司
150	台州市高新技术创业服务中心有限公司
151	合肥民营科技企业园管理服务中心
152	安徽爱意果园投资管理有限公司
153	安徽盘巢动漫产业运营管理有限公司
154	中国科学技术大学先进技术研究院
155	芜湖高新技术创业服务中心
156	安徽砻坊科技发展有限公司
157	马鞍山市高新技术创业服务中心
158	马鞍山慈湖高新区创业服务管理有限公司
159	铜陵市高新技术创业服务中心
160	安徽省天长市高新技术创业服务中心
161	滁州市高新技术创业服务中心
162	六安市科技创业服务中心
163	福建省高新技术创业服务中心
164	福州市高新技术产业创业服务中心
165	福建特力林孵化器管理有限公司
166	福建火炬高新技术创业园有限公司
167	厦门青瓦投资管理有限公司
168	泉州市高新技术创业服务中心
169	龙岩市高新技术创业服务中心

续表

170	南昌大学科技园发展有限公司
171	江西省科院科技园发展有限公司
172	南昌小蓝创新创业基地管理有限公司
173	新余高新区科技孵化器有限公司
174	抚州高新技术产业园区科技企业孵化器创业服务中心
175	青岛科大都市科技园集团有限公司
176	山东科技大学科技园管理有限公司
177	青岛高新区创业园管理有限公司
178	淄博高新技术创业服务中心
179	东营市高新技术创业服务中心
180	东营高新技术创业服务中心
181	烟台高新技术产业开发区科技创业服务中心
182	潍坊高新区宝兴孵化器管理中心
183	潍坊经济开发区北辰高新产业投资发展有限公司
184	潍坊启迪创业孵化器有限公司
185	泰安高新技术创业服务中心
186	威海经济技术开发区科技创业服务中心
187	日照高新区创业服务中心
188	德州市高新技术创业服务中心
189	滨州高新技术创业服务中心
190	郑州市高新技术创业中心
191	河南专利孵化转移中心有限公司
192	河南省芯互联创业孵化器有限公司
193	洛阳卓阳耀滨科技企业孵化器有限公司
194	洛阳大学科技园发展有限公司
195	安阳高新技术创业服务中心
196	河南省新乡高新技术创业服务中心
197	许昌市高新技术创业服务中心有限公司
198	漯河高新技术创业服务中心

续表

199	三门峡高新技术产业开发区高技术创业服务中心
200	商丘市梁园产业集聚区创业服务中心
201	郑州合众海外人才创业园发展有限公司
202	河南金源创业孵化器股份有限公司
203	新乡高新技术产业开发区管理委员会火炬园管理办公室
204	郑州聚方科技园有限公司
205	武汉市洪山高新技术创业服务有限责任公司
206	武汉华工科技企业孵化器有限责任公司
207	武汉东创研发设计创意园有限公司
208	武汉欣欣中信科技孵化器有限公司
209	武汉理工孵化器有限公司
210	十堰高新技术产业开发区创业服务中心
211	宜昌高新技术产业园区创业服务中心
212	襄阳市大学科技园发展有限公司
213	荆门聚盛孵化器管理有限公司
214	武汉兆佳东创科技企业孵化器管理有限公司
215	武汉海容基孵化器有限公司
216	武汉中南民大科技企业孵化器管理有限公司
217	武汉武大科技园有限公司
218	中国科技开发院（宜昌）云计算孵化器运营管理有限公司
219	OVU 创客星科技企业孵化器
220	湖南广发隆平高科技园创业服务有限公司
221	湖南长海科技创业服务有限公司
222	湖南知众创业服务有限公司
223	株洲高新技术产业开发区创业服务中心
224	株洲高科企业孵化器有限公司
225	株洲高新技术产业开发区动力谷科技创新服务中心
226	湘潭高新技术创业服务中心
227	湘潭九华创新创业服务有限公司

续表

228	岳阳城陵矶临港产业新区科技创业服务中心
229	湖南海凌科技企业孵化器有限公司
230	常德经济技术开发区创业服务中心
231	清远华大健康电商孵化园有限公司
232	清远天安智谷有限公司
233	肇庆市大学科技园发展有限公司
234	佛山创意产业园投资管理有限公司
235	广州嘉溢科技企业孵化器有限公司
236	广州市番禺节能科技园发展有限公司
237	广东羊城同创文化产业发展有限公司
238	深圳市留学生创业园有限公司
239	深圳市龙岗区科技创新服务中心
240	深圳市南山区科技创业服务中心
241	深圳市福田区高新技术创业中心
242	深圳硅谷大学城创业园管理有限公司
243	深圳虚拟大学园管理服务中心
244	深圳市四方网盈孵化器管理有限公司
245	深圳市华丰世纪物业管理有限公司
246	深圳市洪韦盛实业有限公司
247	深圳市福永云创孵化器有限公司
248	深圳市朋年投资有限公司
249	佛山市创智汇投资发展有限公司
250	佛山市三水高新创业中心有限公司
251	佛山天安科技企业孵化器有限公司
252	惠州仲恺高新区科技园有限公司
253	惠州市惠南科技服务有限公司
254	惠州仲恺高新技术产业开发区陈江街道经济发展总公司
255	东莞松山湖高新技术创业服务中心
256	东莞市高盛科技园有限公司

续表

257	广东东科投资集团有限公司
258	中山火炬高技术创业中心有限公司
259	揭阳市科技企业孵化器有限公司
260	南宁泛北城市信息技术有限公司
261	广西梦工谷科技有限公司
262	柳州高新技术创业服务中心
263	桂林科技企业发展中心
264	广西榕华创业孵化基地有限公司
265	重庆高技术创业中心
266	重庆市黔江区阿蓬科技企业孵化器有限公司
267	重庆猪八戒网络有限公司
268	四川川大科技园发展有限公司
269	成都新创创业孵化器服务有限公司
270	成都双流聚源科技企业孵化器管理有限公司
271	成都经开科技产业孵化有限公司
272	成都市天府新区科技创新服务中心
273	自贡市高新技术创业服务中心
274	绵阳高新区创业服务中心
275	绵阳市科技城科教创业园区创业服务中心
276	隆昌市高新技术创业服务中心
277	内江高新区高新技术创业服务中心
278	乐山高新技术产业开发区创业服务中心
279	遵义市软件园区管理委员会
280	昆明高新技术创业服务中心
281	昆明北理工科技孵化器有限公司
282	昆明经济技术开发区新兴产业孵化区管理有限公司
283	西安交通大学科技园高新技术创业服务中心
284	西安西户科技企业孵化器有限公司
285	宝鸡高新技术产业开发区高技术创业服务中心

续表

286	杨凌农业高新技术产业示范区创业服务中心
287	咸阳高新技术创业服务中心
288	榆林高新区科创企业孵化器管理有限公司
289	兰州高新技术产业开发区创业服务中心
290	兰州新区科技创新发展管理有限公司
291	甘肃丝路电子商务有限公司
292	白银科技企业孵化器有限公司
293	甘肃表是文化传播集团股份有限公司
294	乌鲁木齐高新技术产业开发区高新技术创业服务中心
295	新疆申新科技合作基地有限公司

综合 C 类

1	北京高技术创业服务中心
2	创新工场（北京）企业管理股份有限公司
3	北京嘉捷美锦科技发展有限公司
4	北京北控高科技孵化器有限公司
5	北京创业公社投资发展有限公司
6	北京国投尚科信息技术有限公司
7	北京东创空间文化产业发展有限公司
8	贝壳菁汇（北京）生态创新科技有限公司
9	天津泰达国际创业中心
10	天津京滨科技企业孵化器有限公司
11	天津生态城产业园运营管理有限公司
12	天津恩华企业孵化器有限公司
13	天津普天创达企业孵化器有限公司
14	天津辰寰星谷企业孵化器有限公司
15	天津新华产业科技孵化器有限公司
16	石家庄天山科技工业园运营服务有限公司
17	河北军鼎产业园运营有限公司

续表

18	河北创业基地投资管理有限公司
19	石家庄日中天科技企业孵化器有限公司
20	秦皇岛开发区泰盛孵化器有限公司
21	秦皇岛北岛博智科技孵化器有限公司
22	邯郸高科园区发展股份有限公司
23	保定支点创业服务有限公司
24	涿鹿科技园孵化器有限公司
25	张家口市金达开元科技企业孵化器有限责任公司
26	廊坊市宏泰科技成果孵化服务有限公司
27	太原高新区建设投资有限公司
28	阳泉三和园企业孵化器有限公司
29	晋中经济技术开发区高新技术创业服务中心
30	呼和浩特留学人员创业园管理服务中心
31	内蒙古自治区大学科技园管理有限责任公司
32	赤峰蒙东云计算科技有限公司
33	鄂尔多斯启迪创业服务中心
34	沈阳高新技术产业开发区科技创业服务中心
35	沈阳锦联生态科技园发展有限公司
36	大连市民营科技企业创业中心有限公司
37	大连九龙高新技术创业服务有限公司
38	鞍山高新技术孵化器发展中心
39	辽宁药都发展有限公司
40	锦州高新技术产业创业服务中心
41	盘锦科技孵化器管理有限公司
42	长春中俄科技园股份有限公司
43	吉林省东北亚文化创意科技园有限公司
44	吉林省万易创业咨询有限公司
45	吉林省宇隆中小企业孵化器有限责任公司
46	吉林省天翔科技孵化器有限公司

续表

47	长春北湖科技园发展有限责任公司
48	吉林高新技术创业服务中心
49	通化市科技创业服务中心
50	延边长吉图科技企业孵化有限公司
51	珲春高新技术创业服务中心
52	大庆软件园管理办公室
53	黑龙江省工业技术研究院
54	哈尔滨金华科技企业孵化器有限公司
55	哈尔滨高科科技企业孵化器有限公司
56	黑龙江省信联企业管理服务有限公司
57	黑龙江黑工程科技园发展有限公司
58	黑龙江省东北石油大学科技园发展有限公司
59	大庆中科创业科技有限公司
60	牡丹江新区高新技术投资有限公司
61	上海市虹口区科技创业中心
62	上海狮子山企业管理有限公司
63	常熟市虞山高新园企业孵化器有限公司
64	南京万谷企业管理有限公司
65	无锡市北创科技创业园有限公司
66	宜兴创业园科技发展有限公司
67	徐州市高新技术创业服务中心
68	江苏师范大学科技园有限公司
69	徐州高新区科技创业服务中心
70	徐州市大学生创业服务中心
71	徐州市贾汪区高新技术创业服务中心
72	徐州工业职业技术学院大学科技园有限公司
73	新沂市锡沂科技园发展有限公司
74	徐州高新技术创业服务中心
75	徐州科创创业园管理有限公司

续表

76	常州钟楼高新技术创业服务中心
77	常州高新技术创业服务中心
78	武进高新技术创业服务中心
79	常州西太湖建设发展有限公司
80	常州市天宁高新技术创业服务中心
81	金坛高新技术创业服务中心
82	常州市武进湖塘科技产业园投资管理有限公司
83	苏州市沧浪科技创业园管理有限公司
84	昆山启迪科技园发展有限公司
85	苏州东创科技园投资发展有限公司
86	苏州中创科技创业孵化管理有限公司
87	太仓大学科技园有限公司
88	苏州工业园区汇寅创新创业孵化管理有限公司
89	常熟市梅李科技创业企业管理服务有限公司
90	常熟市辛庄镇分分创业促进中心有限公司
91	南通市崇川科技创业服务中心有限公司
92	启东创业科技服务有限公司
93	海门都市科技创业园有限公司
94	如皋市科技创业园
95	如皋科技城创业中心管理有限公司
96	海安高科技创业园管理中心
97	如东新宇科技创业园有限公司
98	南通诚创企业孵化器有限公司
99	连云港市科技创业服务中心
100	连云港市科技创业城管理服务中心
101	淮安软件园管理发展有限公司
102	盐城中小企业创业投资实业有限公司
103	东台市高科技术创业园有限公司
104	建湖县民营科技创业园有限公司

续表

105	射阳县高新科技创业园有限公司
106	阜宁县科技创业园有限公司
107	大丰市高鑫投资有限责任公司
108	大丰市诚中投资发展有限公司
109	东台城东科技创业园管理有限公司
110	扬州金荣科技企业孵化有限公司
111	镇江京口高新技术创业服务中心
112	镇江高新技术创业服务中心
113	镇江市丹徒环保科技创业服务中心
114	江苏富达高新技术创业服务有限公司
115	江苏东恒环境控股有限公司
116	丹阳市开发区科创园运营管理有限公司
117	泰州市高新技术创业服务中心
118	泰州市华海高新技术创业有限公司
119	靖江市华信科技创业园有限公司
120	泰州市高港区高新技术创业服务中心
121	杭州乐富智汇园孵化器有限公司
122	浙江赛博科技孵化器有限公司
123	杭州万轮科技创业中心有限公司
124	杭州嘉量科技企业管理有限公司
125	杭州希垦信息科技有限公司
126	浙江智新泽地科技发展有限公司
127	杭州浙宝企业管理有限公司
128	浙江清华长三角研究院杭州分院
129	宁波市大学科技园发展有限公司
130	宁波恩科投资有限公司
131	湖州科技创业服务中心
132	安吉科技创业园有限公司
133	湖州市南浔区科技创业发展有限公司

续表

134	浙江安吉追梦投资有限公司
135	绍兴市科技创业中心
136	合肥蜀山科技创业服务中心资产运营有限公司
137	安徽资城孵化器管理有限公司
138	芜湖大学科技园发展有限公司
139	蚌埠高新技术创业服务中心
140	铜陵泰祥科创高新技术有限公司
141	黄山科创高新技术创业服务有限公司
142	界首高科创新创业服务有限公司
143	池州市贵池科技孵化中心有限公司
144	厦门一品翼兴创业孵化器有限公司
145	诚志科技园（江西）发展有限公司
146	江西北大科技园科技企业孵化器有限公司
147	江西南工科技发展有限公司
148	景德镇合盛科技企业孵化器有限公司
149	江西津晶城实业有限公司
150	赣州市赣县区红金工业区开发有限公司
151	济南民营科技企业孵化器
152	济南腊山高新技术创业服务中心
153	青岛高新技术产业开发区创业服务中心
154	青岛高新技术创业服务中心
155	青岛经济技术开发区高科技创业服务中心
156	青岛中联智业管理有限公司
157	青岛软件园发展有限公司
158	青岛绿天使创业孵化器有限公司
159	枣庄科顺数码有限公司
160	垦利县高新技术创业服务中心
161	烟台市大学生创业园区管理服务中心
162	烟台市渤海电子商务产业发展有限公司

续表

163	山东珠联天下企业管理有限公司
164	中科（潍坊）创新园有限公司
165	高密市智源科技创业服务有限公司
166	邹城科创大学科技园运营管理有限公司
167	泰安开发区泰山创业投资有限公司
168	威海火炬高技术产业开发区高新技术创业服务中心
169	威海蓝色产业孵化器有限公司
170	北京清大华创（日照）科技孵化器置业有限公司
171	莱芜高新技术产业开发区高新技术创业服务中心
172	临沭县高新技术创业服务中心
173	德州金田高新技术创业发展有限公司
174	齐河县高新技术创业服务中心
175	山东理想空间科技企业孵化器有限公司
176	山东菏泽经济开发区高新技术产业园管理办公室
177	菏泽启迪创业孵化器有限公司
178	单县高新技术创业服务中心
179	开封高新技术创业服务有限公司
180	洛阳恒生科技园有限公司
181	平顶山高新技术创业服务中心
182	河南岳乡创一科技孵化器有限公司
183	焦作高新技术创业服务中心
184	南阳高新技术创业服务中心
185	宁陵县产业集聚区创业服务中心
186	柘城县创业服务中心
187	驻马店市天中孵化器有限公司
188	武汉东湖新技术创业中心有限公司
189	汉口高新技术创业服务中心
190	武汉海峡高新技术创业服务中心
191	武汉杨园教育科技创业园有限公司

续表

192	黄石高新技术创业服务中心
193	宜昌和艺企业孵化运营管理有限责任公司
194	襄阳高新技术创业服务中心
195	襄阳市襄城区科技创业服务中心
196	孝感高新技术创业服务中心
197	荆州高新技术产业开发区创业服务中心
198	湖北科技创业服务中心有限公司
199	襄阳兴亿投资管理有限责任公司
200	湖北易联科技园管理有限公司
201	湖南岳麓山国家大学科技园创业服务中心
202	长沙湘能科技企业孵化器有限公司
203	湖南妙盛企业孵化港有限公司
204	湖南豪丹科技园创业服务有限公司
205	常德市科技企业孵化器有限公司
206	中山汇智电子商务投资管理有限公司
207	广州五行数字创意园有限公司
208	广州市至德科技企业孵化器有限公司
209	深圳市北大港科招商创业有限公司
210	中国科技开发院有限公司
211	深圳市桃花源科技创新园服务有限公司
212	中海信科技开发（深圳）有限公司
213	深圳市顺通能源技术有限公司
214	佛山火炬创新创业园有限公司
215	佛山科学技术学院大学科技园有限公司
216	广东科炬高新技术创业园有限公司
217	河源市源城区科技创新服务中心
218	南宁新技术创业者中心
219	柳州天步科技创业园有限公司
220	梧州市科技创业服务中心

续表

221	北海市高新技术创业服务中心
222	北海银河城市科技产业运营有限公司
223	海口国家高新区孵化器运营管理有限公司
224	重庆卓创科技孵化器有限责任公司
225	重庆市涪陵区金渠企业孵化器有限责任公司
226	重庆腾业创业咨询服务有限公司
227	重庆市北碚大学科技园发展有限公司
228	重庆成长工场有限公司
229	重庆西线科技有限公司
230	成都高新技术创业服务中心
231	成都西南交大科技园管理有限责任公司
232	成都东创科技园投资有限公司
233	成都西南石油大学科技园发展有限公司
234	泸州高新技术产业开发区创新创业服务中心
235	四川德阳广汉高新区创新创业服务中心
236	绵阳市游仙区创梦中小企业孵化管理有限公司
237	贵阳高新启林创客空间运营有限公司
238	贵州云谷数据有限公司
239	云南海归创业园科技发展有限公司
240	昆明市五华区科技产业园开发经营管理有限公司
241	昆明创新园科技发展有限公司
242	嵩明杨林经济技术开发区国际企业孵化园管理有限公司
243	云南北理工（官渡）科技孵化器有限公司
244	云南银河之星科技孵化有限公司
245	曲靖市科创企业孵化中心有限公司
246	西藏自治区科技创业服务中心
247	西安易创军民两用科技工业孵化器有限责任公司
248	西安航天基地服务外包产业园有限公司
249	高陵渭北工业区建设有限公司

续表

250	西安市碑林区创意产业发展有限公司
251	陕西省西咸新区信息产业园投资发展有限公司
252	延安高新技术创业服务中心
253	安康高新区科技创业孵化中心
254	西部创客投资管理有限公司
255	兰州高新创业置业投资有限责任公司
256	青海省创业发展孵化器有限公司
257	青海生科中小企业创业有限公司
258	西宁智谷人力资源服务有限公司
259	青海中关村高新技术产业基地有限公司
260	宁夏回族自治区高新技术创业服务中心
261	石嘴山市尉元科技开发有限公司
262	宁夏众力科技园有限公司
263	新疆信和创客企业管理有限公司
264	昌吉高新技术产业开发区高新技术创业服务中心
265	喀什特区深喀科技创新服务中心
266	石河子市创业服务中心
267	石河子安南经济建设投资有限公司
268	五家渠青格达晋升科技有限公司
269	新疆希望电子有限公司

综合 D 类

1	天津滨海服务外包产业有限公司
2	天津新华河工科技企业孵化器有限公司
3	山西科伟通新技术发展有限公司
4	伊金霍洛旗天骄众创园管理委员会
5	呼伦贝尔森龙源科技企业孵化器有限责任公司
6	大连北方科技企业孵化基地
7	丹东高新技术创业服务中心

续表

8	营口市高新技术创业服务中心
9	葫芦岛高新技术产业园区创业中心
10	上海市青浦区科技孵化服务中心
11	常州市武进科创孵化园管理有限公司
12	江西福雷斯数据技术服务股份有限公司
13	青岛市大学生创业服务中心
14	聊城市高新技术创业服务中心
15	濮阳市高新技术创业服务中心
16	黄冈科技创业服务有限公司
17	襄阳高新科技有限公司
18	恩施土家族苗族自治州硒源科技创业服务中心
19	贵州铜仁高新汇智科技孵化管理服务有限公司
20	青海中小企业创业发展有限责任公司
21	青海青年创业园孵化服务有限公司
22	石河子开发区石大科技投资有限公司

二、专业类国家级科技企业孵化器评价结果

专业 A 类

1	北京奥宇科技企业孵化器有限责任公司
2	北京理工创新高科技孵化器有限公司
3	北京普天德胜科技孵化器有限公司
4	北京中关村软件园孵化服务有限公司
5	北京中关村生命科学园生物医药科技孵化有限公司
6	北京京仪科技孵化器有限公司
7	北京牡丹科技孵化器有限公司
8	北京人大文化科技企业孵化器有限公司
9	北京宏福科技孵化器股份有限公司
10	北京牡丹创新科技孵化器有限公司

续表

11	天津华苑软件园建设发展有限公司
12	天津航空产业开发有限公司
13	石家庄高新技术创业服务中心
14	大连创业工坊科技服务有限公司
15	吉林省光电子产业孵化器有限公司
16	吉林科讯信息科技有限公司
17	上海莘泽创业投资管理股份有限公司
18	上海光明村科技创业有限公司
19	上海新华文化创新科技产业有限公司
20	上海浮罗创业投资有限公司
21	上海八六三软件孵化器有限公司
22	上海中三投资管理有限公司
23	上海张江管理中心发展有限公司
24	上海创徒丛林创业孵化器管理有限公司
25	南京鼎业百泰生物科技有限公司
26	南京化学工业园新城科技创业中心
27	南京生物医药谷建设发展有限公司
28	江苏仙林生命科技创新园发展有限公司
29	南京膜材料产业技术研究院有限公司
30	南京江宁经济技术开发区无线谷科技园创业服务中心
31	南京江宁（大学）科教创新园有限公司
32	南京科特科技创业服务有限公司
33	无锡软件产业发展有限公司
34	无锡微纳产业发展有限公司
35	江阴百桥国际生物科技孵化园有限公司
36	常州西夏墅工具产业创业服务中心
37	常州拨云科技有限公司
38	苏州工业园区生物产业发展有限公司
39	苏州科技城生物医学技术发展有限公司

续表

40	仪征市高创科技发展有限公司
41	扬中市新坝科创服务有限公司
42	浙江中物九鼎科技孵化器有限公司
43	合肥市原创动漫园管理有限公司
44	厦门软件产业投资发展有限公司
45	厦门海沧生物科技发展有限公司
46	济南迪亚实业有限责任公司
47	济南齐鲁软件园发展中心
48	淄博高新技术产业开发区生物医药产业创新园管理办公室
49	淄博高新技术产业开发区精细化工和高分子材料产业创新园管理办公室
50	山东国际生物科技园发展有限公司
51	河南众诚企业孵化器有限公司
52	郑州中原广告产业园发展有限公司
53	洛阳中科科技园有限公司
54	武汉三新材料孵化器有限公司
55	武汉光谷创意产业孵化器有限公司
56	武汉市工科院科技园孵化器有限公司
57	武汉高科医疗器械企业孵化有限公司
58	武汉烽火创新谷管理有限公司
59	武汉华中师大科技园发展有限公司
60	长沙中电软件园有限公司
61	长沙软件园有限公司
62	广东拓思软件科学园有限公司
63	广州华南新材料创新园有限公司
64	广州大学城健康产业科技园投资管理有限公司
65	广州瑞粤科技企业孵化器有限公司
66	广州市晟龙工业设计科技园发展有限公司
67	广州市达安创谷企业管理有限公司
68	广州市怡祥科技企业孵化器有限公司

续表

69	广州纳金科技有限公司
70	广州金发科技孵化器有限公司
71	广东德运创业投资有限公司
72	广东物联天下产业园有限公司
73	广东力合创智科技有限公司
74	佛山南海力合星空孵化器管理有限公司
75	东莞市中科云智产业孵化有限公司
76	东莞成电创新电子科技有限公司
77	东莞市瑞鹰信息科技发展有限公司
78	东莞松山湖国际机器人研究院有限公司
79	广东道滘华科鼎城产业孵化有限公司
80	中山健康基地孵化器管理有限公司
81	中山市张企孵化器管理有限公司
82	桂林民华科技发展有限公司
83	重庆高新技术产业开发区创新服务中心
84	成都电子科大创业孵化服务有限公司
85	绵阳市金家林总部经济试验区投资服务中心
86	贵阳火炬软件园管理有限公司
87	西安创业园投资管理有限公司
88	西安联创生物医药孵化器有限公司
89	西安航天基地国际孵化器有限公司
	专业 B 类
1	北京博奥联创科技孵化器有限公司
2	北京九州通科技孵化器有限公司
3	北京中关村上地生物科技发展有限公司
4	北京亦庄国际生物医药投资管理有限公司
5	北京乐邦乐成创业投资管理有限公司
6	北京赢家伟业科技孵化器股份有限公司

续表

7	北大医疗产业园科技有限公司
8	京卫惟科生物科技孵化（北京）有限公司
9	北京京辰瑞达科技孵化中心
10	北京禾芫科技孵化器有限公司
11	博雅燕园科技企业孵化（北京）有限公司
12	天津国际生物医药联合研究院有限公司
13	天津普天企业孵化服务有限公司
14	天津航大中天科技发展有限公司
15	天津生机企业孵化器有限公司
16	山西创昇万通科技有限公司
17	山西迎联智慧企业管理咨询有限公司
18	赤峰市久盛创新科技投资有限公司
19	沈阳软件出口基地有限公司
20	大连双D高科产业发展有限公司
21	大连市理想光电技术孵化创业中心有限公司
22	大连集成电路设计产业基地管理股份有限公司
23	瓦房店福斯特轴承科技开发有限公司
24	吉林省国家汽车电子高新技术产业化基地有限公司
25	长春吉广传媒集团有限公司
26	吉林市经开科技有限公司
27	上海微电子设计有限公司
28	上海张江药谷公共服务平台有限公司
29	上海浦东软件园创业投资管理有限公司
30	上海漕河泾开发区创新创业园发展有限公司
31	上海聚能湾企业服务有限公司
32	上海博济堂科技创业服务管理有限公司
33	上海晟唐创业孵化器管理有限公司
34	上海奉浦现代农业科技创业有限公司
35	上海菊园物联网科技服务有限公司

续表

36	上海麦腾永联众创空间管理股份有限公司
37	上海市杨浦云计算创新基地发展有限公司
38	天翼科技创业投资有限公司
39	上海临港科技创业中心有限公司
40	上海衍禧堂企业管理有限公司
41	上海紫竹创业投资有限公司
42	上海嘉定高新技术创业服务有限公司
43	上海零号湾创业投资有限公司
44	启迪漕河泾（上海）运营管理有限公司
45	上海麦腾叁众创空间管理有限公司
46	南京高新技术产业开发区留学人员创业园管理服务中心
47	江苏博特新材料科技有限公司
48	江苏矽太信息科技有限公司
49	宜兴留学人员创业园有限公司
50	无锡惠山新城生命科技产业发展有限公司
51	江苏江阴软件和文化创意产业发展有限公司
52	无锡惠山软件产业发展有限公司
53	江苏卓易信息科技股份有限公司
54	常州龙琥高新技术创业服务有限公司
55	大连理工江苏研究院有限公司
56	江南石墨烯研究院
57	常州新能源汽车研究院有限公司
58	常州市武进区科创服务中心
59	苏州盛泽科技创业园发展有限公司
60	张家港市凤凰科技开发有限公司
61	苏州纳米科技发展有限公司
62	苏州西交科技园管理有限公司
63	昆山高新科技服务有限公司
64	海门临江生物医药科技创业园有限公司

续表

65	江苏五星村实业有限公司
66	扬州广陵高新技术创业服务中心
67	扬州瑞杨创业服务有限公司
68	江苏华创医药研发平台管理有限公司
69	杭州东部软件园有限公司
70	杭州天和高科技产业园有限公司
71	杭州和达文化创意产业园管理有限公司
72	杭州萧山钱江世纪城科技服务有限公司
73	浙江三维无线科技有限公司
74	乐清市科技孵化创业中心
75	海盐县科技创业服务中心
76	浙江欧美生物科技产业开发有限公司
77	浙江清华长三角研究院台州创新中心
78	中科院（合肥）技术创新工程院有限公司
79	安徽省信息产业投资控股有限公司
80	合肥车库咖啡孵化器运营管理有限公司
81	安徽新鑫创投资管理有限公司
82	福州 863 软件专业孵化器服务中心
83	泉州天九孵化器管理有限公司
84	江西中兴工业城有限公司
85	山东同科大地科技企业孵化器有限公司
86	济南鑫茂齐鲁科技城火炬创业服务有限公司
87	山东诚创医药技术开发有限公司
88	山东博科生物产业有限公司
89	青岛橡胶谷创业孵化有限公司
90	青岛拓谱产教园管理有限公司
91	青岛蓝色生物科技园发展有限责任公司
92	青岛李沧新起点大学生创业孵化中心
93	淄博高新技术产业开发区电子信息产业创新园管理办公室

续表

94	淄博高新技术产业开发区先进陶瓷产业创新园管理办公室
95	潍坊软件园管理办公室
96	山东高新创达科技创业服务有限公司
97	济宁高新软件园服务有限公司
98	济宁高新文化创意园服务有限公司
99	威海市环翠区高新技术企业孵化创业服务中心
100	威海瑞欣科技企业孵化器有限公司
101	威海泰美联华光电科技股份有限公司
102	洛阳市西工信息科技城孵化器创业服务有限公司
103	信阳高新技术产业开发区创业服务中心
104	洛阳京航星空科技服务有限公司
105	湖北国知专利创业孵化园有限公司
106	武汉光电谷科技企业孵化器有限公司
107	武汉火凤凰云计算孵化器管理有限公司
108	宜昌微特智慧谷孵化管理有限公司
109	武汉光电工业技术研究院有限公司
110	武汉生物技术研究院管理有限责任公司
111	宜昌欣扬孵化运营管理有限公司
112	浏阳经济技术开发区产业化服务中心
113	湖南三一众创孵化器有限公司
114	岳阳火炬创业服务中心
115	清远华炬科技企业孵化器有限公司
116	中山市工业技术研究中心
117	广东思科科技园有限公司
118	东莞市燕园孵化器有限公司
119	广东粤迪科技发展有限公司
120	广州科信光机电企业孵化器有限公司
121	广州国际生物岛科技投资开发有限公司
122	广东宏太智慧谷科技企业孵化器有限公司

续表

123	广东星海数字家庭产业技术研究院有限公司
124	广州万鹏孵化器投资管理有限公司
125	广州瑞博奥转化医学创新园有限公司
126	广州佳都汇科技企业孵化器有限公司
127	广东省机械研究所
128	奥特朗电子（广东）有限公司
129	广州西陇创新园管理有限公司
130	深港产学研基地
131	深圳生物孵化器管理中心
132	深圳市卓溢科技开发有限公司
133	深圳市科思投资发展有限公司
134	深圳市美盈科技孵化管理有限公司
135	深圳市佳领域实业有限公司
136	深圳市瑞丰创新产业园投资管理有限公司
137	珠海新经济资源开发港有限责任公司
138	珠海南方软件园发展有限公司
139	珠海康德莱医疗产业投资有限公司
140	珠海森坦企业孵化管理有限公司
141	汕头高新技术产业开发区创业服务中心
142	广东新媒体产业园发展股份有限公司
143	广东同天投资管理有限公司
144	湛江高新技术产业开发区科技创业服务中心有限公司
145	肇庆高新技术产业开发区创新创业服务中心
146	肇庆市华智科创企业孵化器有限公司
147	惠州大亚湾经济技术开发区科技创业服务中心
148	河源广工大协同创新研究院
149	阳江高新技术产业开发区高新技术创业服务中心
150	东莞松湖华科产业孵化有限公司
151	广东中天联科信息产业投资有限公司

续表

152	东莞志鸿汇创金融孵化有限公司
153	东莞市中美融易孵化器投资管理有限公司
154	广东石碣华科鼎城产业孵化有限公司
155	东莞市聚沛电子科技有限公司
156	广东华协科技孵化有限公司
157	南宁市科技企业孵化基地有限责任公司
158	重庆市渝中区科技机构管理所
159	重庆感知科技孵化器有限公司
160	重庆清研理工创业谷科技发展有限公司
161	重庆育成发展有限公司
162	成都天府软件园有限公司
163	成都成电大学科技园孵化器有限公司
164	成都高投生物医药园区管理有限公司
165	成都科杏投资发展有限公司
166	泸州高新区医药产业园企业孵化管理有限公司
167	绵阳高新区生物医药孵化器有限公司
168	云南创新生物产业孵化器管理有限公司
169	陕西启迪科技园发展有限公司
170	西安航空科技创新服务中心
171	西安蒜泥科技孵化器有限公司
172	西安大普激光科技有限公司
173	西安创联企业孵化器有限责任公司
174	陕西智巢产业发展投资管理有限公司
175	宝鸡高新技术产业投资发展有限公司
176	渭南高新区火炬科技发展有限责任公司
177	兰州创意文化产业园有限公司
178	银川中小在线资信服务有限公司
179	新疆米东科技创新服务基地有限责任公司

专业 C 类

1	北京北达燕园科技孵化器有限公司
2	北京瀚海博智科技孵化器有限公司
3	北京厚德科创科技孵化器有限公司
4	北京交大科技孵化器有限公司
5	北京华商置业有限公司
6	北京正开科技有限公司
7	大唐创新港投资（北京）有限公司
8	北京京仪融科科技孵化器有限公司
9	北京华电天德科技园有限公司
10	天津市武清区兴科百纳有限公司
11	天津可信科技企业孵化器有限公司
12	执信（天津）科技企业孵化器有限公司
13	承德市高新技术产业开发区创业服务中心
14	山西三益华信创业服务有限公司
15	太钢不锈钢工业园不锈钢科技创新服务中心
16	山西山传文化科技园有限公司
17	内蒙古通研电子商务有限责任公司
18	内蒙古留学人员创业园管理服务中心
19	包头北大科技园有限公司
20	五原工业园区科技企业孵化器管理服务中心
21	沈阳动漫研发与软件外包孵化器
22	沈阳新园开发建设有限公司
23	沈阳中兴新科技有限公司
24	大连光洋工控技术创业服务中心有限公司
25	阜新高新技术创业服务中心
26	辽宁工程技术大学兴科中小企业服务中心
27	辽源东北袜业大学生科技园有限公司
28	辽源同创动漫文化产业有限公司
29	辽源东北袜业基地建设有限公司

续表

30	哈尔滨市动力科技创业中心
31	哈尔滨广瀚科技创业有限公司
32	哈尔滨发电设备产业基地创业中心有限公司
33	上海绸信创业孵化器管理有限公司
34	上海都市工业设计中心有限公司
35	上海聚科生物园区有限责任公司
36	上海金山新材料孵化器发展有限公司
37	上海盛泉实业（集团）有限公司
38	上海康桥先进制造技术创业园有限公司
39	上海奇士科技产业发展有限公司
40	上海国民新能源环保孵化器有限公司
41	上海莎欧科技发展有限公司
42	上海高新技术投资管理有限公司
43	上海庙行电子商务服务有限公司
44	上海乾劲投资管理有限公司
45	徐州工程学院大学科技园有限公司
46	江苏软件园孵化器发展有限公司
47	无锡（国家）工业设计园创业服务中心
48	江苏津通创业投资有限公司
49	常州生物医药孵化器有限公司
50	江苏骏益科技创业园有限公司
51	苏州国环节能环保创业园管理有限公司
52	苏州阳澄湖数字文化创意园管理有限公司
53	昆山软件园发展有限公司
54	昆山浦东软件园有限公司
55	南通金盛企业孵化器管理有限公司
56	南通先知投资有限公司
57	东方兴宇软件产业有限公司
58	滨海县宏智生物医药科技创业园管理有限公司

续表

59	杭州数字娱乐园有限公司
60	杭州之江创意园开发有限公司
61	杭州电子商务产业发展有限公司
62	杭州师范大学科技园发展有限公司
63	杭州里士湖企业管理有限公司
64	杭州运河汽车互联网产业园有限公司
65	杭州科创孵化器有限公司
66	宁波西电产业园管理有限公司
67	浙江红连文化发展股份有限公司
68	嘉兴市南湖科技创业服务中心
69	平湖市高新技术创业服务中心发展有限公司
70	浙江电商信息科技有限公司
71	安徽时代文化科技创业园管理有限公司
72	马鞍山创意软件园管理发展有限公司
73	厦门市龙山文化创意产业有限公司
74	江西省高新技术创业服务中心
75	江西桑海生物高科孵化器发展有限公司
76	先锋软件股份有限公司
77	江西天势资产管理有限公司
78	济南历下软件创业服务中心
79	山东吉美乐有限公司
80	山东德风科技企业孵化器有限公司
81	山东大奥医药科技有限公司
82	青岛新材料产业科技创新服务中心
83	市北区工业设计产业园创新创业服务中心
84	青岛鲁强投资集团有限公司
85	青岛有住投资控股有限公司
86	山东中科园区发展有限公司
87	烟台美加科技企业孵化器有限公司

续表

88	烟台鲁蒙节能环保产业孵化有限公司
89	烟台科达置业有限公司
90	潍坊高新区生物医药科技产业园管理办公室
91	山东寿光中印软件园发展中心
92	山东亿九科技孵化器有限公司
93	邹城市中信达创业投资有限公司
94	威海北洋电子信息孵化器有限公司
95	威海火炬软件企业孵化器有限公司
96	荣成石岛慧谷科技企业孵化器有限公司
97	临沂科汇高新技术创业园有限公司
98	濮阳市华龙区科技创业园管理中心
99	虞城县高新技术创业服务中心
100	民权县产业集聚区创业服务中心
101	洛阳东大科技产业园有限公司
102	河南港田电子信息产业服务有限公司
103	武汉市青山区高新技术创业服务中心
104	武汉国家农业科技园区创业中心有限公司
105	武汉华创源科技企业孵化器有限公司
106	武汉光谷新药孵化公共服务平台有限公司
107	武汉光谷生物医药孵化器管理有限公司
108	武汉威仕科科技企业孵化器有限公司
109	随州市高新技术产业孵化器有限公司
110	中山市华南现代中医药城发展有限公司
111	东莞中集创新产业园发展有限公司
112	佛山市盈赛投资发展有限公司
113	茂名高新技术创业服务中心
114	冠昊生命健康科技园有限公司
115	广州视联投资管理有限公司
116	广州星海集成电路基地有限公司

续表

117	韶关高新技术产业开发区创业服务中心
118	粤澳中医药科技产业园开发有限公司
119	珠海壹拾贰文化创意产业园投资有限公司
120	珠海金嘉创意谷发展有限公司
121	广东睿道共创科技有限公司
122	广东顺博创意产业孵化器有限公司
123	佛山市高明区科技创新创业中心
124	佛山市南海中国科学院中医药生物科技产业中心
125	佛山市南海光明智汇新光源投资发展有限公司
126	佛山市聚客家园投资有限公司
127	广东艾诗凯奇智能科技有限公司
128	广东中南机械智能孵化器有限公司
129	惠州市东江高新区投资运营有限公司
130	惠州市恺众创业服务有限公司
131	广东壹号投资有限公司
132	河源市高新技术开发区企业服务中心
133	东莞市衣电园实业投资有限公司
134	广东华科鼎城产业孵化有限公司
135	广西申能达智能技术有限公司
136	海南生态软件园孵化服务有限公司
137	重庆蓝巢企业孵化器有限公司
138	重庆立洋绿色科技企业孵化器有限公司
139	重庆浪尖渝力科技有限公司
140	重庆弘旺畜牧科技管理有限公司
141	重庆赛伯乐科技有限公司
142	成都天河中西医科技保育有限公司
143	成都顺康新科孵化有限公司
144	攀枝花钒钛高新国有资本投资运营有限公司
145	贵阳高新智慧运营管理有限公司

续表

146	独山县通达投资有限公司
147	云南新材料孵化器有限公司
148	云南光谷光机电科技孵化器管理有限公司
149	西安光电子专业孵化器有限责任公司
150	西安市集成电路设计专业孵化器有限公司
151	西安软件园发展中心
152	西安高新区莲科置业有限公司
153	宝鸡高新技术创业发展有限公司
154	陕西省机械研究院
155	安康市富硒产品研发中心
156	甘肃得力帮科技企业孵化器有限公司
157	新疆软件园有限责任公司
158	新疆创客时代信息科技服务有限公司
159	新疆大学信息技术创新园有限公司

专业 D 类

1	北京北电科林电子有限公司
2	天津意库创意企业管理服务有限公司
3	天津市聚贤科技孵化器有限公司
4	天津东旺塑料科技孵化器有限公司
5	哈尔滨龙计电子技术创业中心
6	绍兴市越城科技创业中心有限公司
7	西安农业科技企业孵化器有限公司
8	喀什新丝路电子商务运营有限公司
9	上海孵源科技发展有限公司
10	泉州育成科技创业促进有限公司
11	青岛华辰中小企业创新创业服务有限公司
12	广州联炬科技企业孵化器有限公司
13	四川中物技术有限责任公司
14	西安三元数字媒体有限公司